सम्पूर्ण कविताएँ

सम्पूर्ण कविताएँ

ओम प्रकाश वाल्मीकि

सम्पादक
रविकान्त

राधाकृष्ण प्रकाशन

ISBN : 978-81-19989-68-3

सम्पूर्ण कविताएँ

पहला संस्करण : 2024

मूल्य : ₹995

प्रकाशक

राधाकृष्ण प्रकाशन प्राइवेट लिमिटेड

जी-17, जगतपुरी, दिल्ली-110 051

शाखाएँ : अशोक राजपथ, साइंस कॉलेज के सामने, पटना-800 006

पहली मंजिल, दरबारी बिल्डिंग, महात्मा गांधी मार्ग, प्रयागराज-211 001

1, अनमोल सोराबजी सन्तुक लेन, धोबी तलाव, मरीन लाइंस, मुम्बई-400 002

वेबसाइट : www.radhakrishnaprakashan.com

ई-मेल : info@radhakrishnaprakashan.com

मुद्रक

बी.के. ऑफसेट

नवीन शाहदरा, दिल्ली-110 032

SAMPOORN KAVITAYEIN

Poems by Om Prakash Valmiki

Edited by Ravikant

भूमिका

सदियों से भारतीय समाज अन्याय, असमानता और भेदभाव पर आधारित वर्ण और जाति में विभाजित है। शूद्र और दलित स्वघोषित उच्चवर्णी ब्राह्मणवादियों की दासता का शिकार रहे हैं। अकर्मण्य सत्ताभोगी थे और मेहनतकश गुलाम। वर्णव्यवस्था को ईश्वरीय बना दिया गया। वैदिक ऋषियों ने अपने पहले धर्मग्रंथ ऋग्वेद के दशम स्कन्द के पुरुष सूक्त में लिखा कि चारों वर्ण ब्रह्मा के शरीर से पैदा हुए हैं। मुख से पैदा होने वाला ब्राह्मण सर्वश्रेष्ठ और पैरों से जन्मा शूद्र अधम-नीच है। वह उच्च तीन वर्णों—ब्राह्मण, क्षत्रिय और वैश्य—का सेवक है। तीनों वर्णों के शोषण तंत्र को डॉ. आम्बेडकर ने ब्राह्मणवाद कहा। धर्मग्रंथों के जरिये ब्राह्मणवादियों ने समाज में वर्चस्व स्थापित किया। धर्म-ईश्वर, पाप-पुण्य, भाग्य-पुनर्जन्म के आधार पर इस व्यवस्था को स्थायित्व ही नहीं दिया गया बल्कि इसे जायज भी ठहराया गया। समाज के एक हिस्से को अन्त्यज-अछूत बनाकर बहिष्कृत कर दिया गया। उससे जीवन जीने के सारे साधन छीन लिए गए। उसे पढ़ने-लिखने और सम्पत्ति अर्जित करने से वंचित कर दिया गया। ईश्वरीय मान्यताओं, पौराणिक कथाओं और स्मृतियों के विधानों के जरिये उनका सामान्य जीवन प्रतिबन्धित कर दिया गया। सार्वजनिक स्थानों पर जाना निषेध हो गया। उल्लंघन करने पर अत्यन्त क्रूर और अमानवीय दंड का विधान कर दिया गया। हजारों साल तक यह गुलामी बदस्तूर जारी रही। कमोबेश राजसत्ता तक सीमित रहा मुगल काल भी इस व्यवस्था को बदलने में नाकाम रहा। ब्रिटिश औपनिवेशिक हुकूमत में दलित बहुजन नायकों ने ब्राह्मणवादी शोषण व्यवस्था के खिलाफ जमीनी और वैचारिक संघर्ष शुरू किया। जोतिबा फुले ने सत्यशोधक समाज और स्त्रियों-दलितों की शिक्षा के जरिये एक सांस्कृतिक आन्दोलन शुरू किया। अमेरिका और इंग्लैंड से तालीम लेकर लौटे आम्बेडकर ने हिन्दू धर्म की तमाम शास्त्रीय मान्यताओं को ध्वस्त किया और दलितों की स्वतंत्रता और समानता के लिए सामा'जिक और राजनीतिक आन्दोलन खड़ा किया। पानी पीने की आजादी के लिए महाड़ सत्याग्रह (20 मार्च, 1927) से लेकर मनुस्मृति दहन (25 दिसम्बर, 1927) और मन्दिर प्रवेश आन्दोलन (कालाराम मन्दिर, 2 मार्च, 1930) द्वारा आम्बेडकर ने ब्राह्मणवादी शोषणकारी

व्यवस्था को दुनिया के सामने बेपर्दा किया। राजनीतिक आजादी के बाद देश में समता और न्याय सुनिश्चित करने के लिए संविधान की रचना हुई। भारतीय संविधान के निर्माण में डॉ. आम्बेडकर की अग्रणी भूमिका रही। संविधान और लोकतंत्र ने दलितों-वंचितों के लिए मुक्ति का मार्ग खोला।

बाबा साहब आम्बेडकर सिर्फ संविधान निर्माता नहीं, बल्कि राष्ट्र निर्माता हैं। वे केवल दलितों के ही नायक नहीं हैं बल्कि सभी वंचितों, पिछड़ों के महानायक हैं। अलबत्ता, उन्होंने विशेष रूप से दलितों की मुक्ति और उनके हितों के संरक्षण के लिए ताउम्र ब्राह्मणवादी सामन्ती शक्तियों का मुकाबला किया। राजनीति, धर्म, संस्कृति और साहित्य; जीवन के प्रत्येक मोर्चे पर डॉ. आम्बेडकर ने चिन्तन और संघर्ष किया। दलितों में चेतना पैदा करने के लिए उन्होंने साहित्यकारों का आह्वान किया—"हमारे जीवन कर्तव्य और संस्कृति की ओर हमारा ध्यान नहीं है। अन्तर्मुख होकर विचार करने से हमारे सामने वह भयावह स्थिति स्पष्ट हो जाएगी कि हमारे जीवन-मूल्य और सांस्कृतिक मूल्यों को बचाने के लिए दलित साहित्यकारों को जागरूक और प्रयत्नशील हो जाना चाहिए। तुम्हारे उपन्यास, कथाओं की सीता, लक्ष्मण-रेखा पार करके आगे जा चुकी है। दुर्योधन के दरबार में द्रौपदी का वस्त्रहरण हो रहा है। शकुन्तला को दुष्यन्त अपना सही परिचय नहीं दे रहा है। इसलिए शकुन्तला को वनवास हो रहा है। ऐसी स्थिति में साहित्यकारों का मैं आह्वान करता हूँ कि वे विभिन्न साहित्यिक विधाओं के द्वारा उदात्त जीवन-मूल्यों और सांस्कृतिक मूल्यों को रेखांकित करें। अपने लक्ष्य को मर्यादा में मत बाँधो, उसे और अधिक विशाल बनने दो। वाणी का विस्तार करो। अपनी लेखनी को केवल अपने प्रश्नों तक सीमित मत रखो। उसे तेजस्वी बनाओ जिससे गाँव में फैला अन्धकार दूर हो सके। यह मत भूलो कि इस भारत देश में उपेक्षित दलितों का बहुत बड़ा विश्व है। अपनी रचनाओं द्वारा उनकी वेदना को समझकर उनके जीवन को उज्ज्वल बनाने की कोशिश करो। यही मानवता की सचाई है।" (ओमप्रकाश वाल्मीकि, दलित साहित्य का सौन्दर्यशास्त्र से उद्धृत)

डॉ. आम्बेडकर एक समाज विज्ञानी, राजनीतिज्ञ, अर्थशास्त्री, कानूनविद्, क्रान्तिकारी और मौलिक विचारक के रूप में विख्यात हैं। लेकिन कम लोगों को मालूम है कि वे साहित्यकार भी हैं। मराठी में उन्होंने कुछ कविताएँ लिखीं। उनकी आत्मकथा 'मी कसा झालो' (मैं कैसे बना) दलित साहित्यकारों और उनके अनुयायियों के लिए प्रेरणास्पद रही है। उपरोक्त उद्धरण से स्पष्ट है कि वे समाज को बदलने और दलितों के उत्थान के लिए दलित साहित्य और साहित्यकारों की भूमिका को कितना महत्त्वपूर्ण मानते थे।

डॉ. आम्बेडकर के विचारों और सपनों को साकार करने वाला साहित्य सबसे पहले 1960 के दशक में मराठी में शुरू हुआ। इसके बाद तेलुगु, हिन्दी,

गुजराती, तमिल और कन्नड़ में दलित साहित्य लेखन का आन्दोलन खड़ा हुआ। 1970 के दशक में हिन्दी दलित साहित्यकारों की पहली पीढ़ी सक्रिय हुई। इसमें सबसे उल्लेखनीय नाम ओमप्रकाश वाल्मीकि (30 जून, 1950—17 नवम्बर, 2013) का है। सदियों से पढ़ने-लिखने से वंचित रहे दलित समाज को पहली बार अभिव्यक्ति का अवसर मिला। लेकिन उनके लिए यह कितना आसान था? हिन्दू समाज के सबसे निचले पायदान पर स्थित जाति में जन्मे ओमप्रकाश वाल्मीकि के लिए लिखना किसी यातना से कम नहीं था। उन्होंने अपनी किताब 'दलित साहित्य : अनुभव, संघर्ष और यथार्थ' में लिखा है, "मुद्रित शब्द की आग में मैंने अपने आपको हमेशा झुलसते पाया है। पश्चिमी उत्तर प्रदेश के जिला मुजफ्फरनगर, गाँव बरला के बेसिक प्राइमरी स्कूल में मेरे दाखिले के वक्त गिड़गिड़ाते पिता का चेहरा आज भी मेरी आँखों में किरकिराता है। और यातना भरे सफर और संघर्ष में यही मेरी ताकत भी बनता है। यह वह दौर था, जब भारत नया-नया स्वतंत्र हुआ था, लेकिन स्कूल-कॉलेजों में किसी दलित के लिए प्रवेश पाना आसमान से तारे तोड़ लेने के समान था, किसी दलित के लिए स्कूल के दरवाजे बन्द थे। नई-नई आजादी मिली थी, नया संविधान बना था। जिसमें सबको समान अधिकार देने की बात कही गई थी। लेकिन हिन्दुत्व की सनातनी मान्यताओं के सामने संविधान की धाराएँ बौनी थीं। पिताजी के उस जज्बे को समझने की उस वक्त मेरी उम्र नहीं थी, लेकिन एक बार जब स्कूल की टाट-पट्टी के सबसे किनारे पर, जो मेरे बैठने से पहले ही खत्म हो जाती थी, बैठकर अक्षर पहचानने का जो सिलसिला शुरू हुआ, तो वह चिंगारी बनाकर अँधेरे में जुगनू की तरह चमकने लगा था। और वही चमक मेरे भीतर आग में तब्दील हो गई थी। जिसकी तपिश ने मेरे वजूद को ही बदल दिया तो उस वक्त पिताजी का वह जज्बा ठीक से समझ में आने लगा था।"

ओमप्रकाश वाल्मीकि ने हिन्दू समाज की बेड़ियों को ही नहीं तोड़ा बल्कि हिन्दी साहित्य को भी शुचिता और कुलीनता से मुक्त कराया। जयप्रकाश कर्दम के शब्दों में, "ओमप्रकाश वाल्मीकि एक ऐसा नाम है, जिसने अपनी रचनाओं के माध्यम से कुलीनता और आभिजात्य संस्कृति के मूल्यों में रचे-बसे हिन्दी साहित्य की सदियों पुरानी जड़ता को तोड़ा और समाज की भाँति साहित्य की चौखट से बाहर उपेक्षित पड़े दलितों को साहित्य के केन्द्र में लाकर खड़ा कर दिया। यह कहना शायद गलत नहीं होगा कि ओमप्रकाश वाल्मीकि का लेखन साहित्य विमर्श में एक अनिवार्य हस्तक्षेप है।" (ओमप्रकाश वाल्मीकि : व्यक्ति, विचारक और सृजक, वाणी प्रकाशन, सम्पादकीय)

ओमप्रकाश वाल्मीकि ने साहित्य को नये ढंग से परिभाषित किया। उनके अनुसार, साहित्य मनुष्यता की अभिव्यक्ति है। पराधीनता से मुक्ति का आख्यान है। शोषण के विरुद्ध संघर्ष का आह्वान है। समता और स्वतंत्रता की चेतना है।

ओमप्रकाश वाल्मीकि ने पूर्ववर्ती हिन्दी साहित्य को कठघरे में खड़ा किया। उनके अनुसार अधिकांश हिन्दी साहित्य ब्राह्मणवादी परम्पराओं और मूल्यों से पोषित है। इसमें दलितों-वंचितों की पराधीनता और पीड़ा की अभिव्यक्ति नहीं है। दलित समाज की पराधीनता और उसके मुक्ति के सवालों को केन्द्र में रखकर उन्होंने कविता, कहानी, आत्मकथा और आलोचना जैसी महत्त्वपूर्ण विधाओं में रचनाएँ लिखीं। उनका रचना संसार बहुत व्यापक है। उनके चार कहानी-संग्रह—'सलाम' (2000), 'घुसपैठिए' (2003), 'छतरी अम्मा एंड अदर स्टोरी'; आत्मकथा—'जूठन' (1997), दूसरा भाग (2015); आलोचना—'दलित साहित्य का सौन्दर्यशास्त्र' (2001), 'मुख्य धारा और दलित साहित्य', 'दलित साहित्य : अनुभव, संघर्ष एवं यथार्थ' (2013); विचारपरक लेखन—'सफाई देवता' (2008), नाटक—'दो चेहरे', 'उसे वीर चक्र मिला था'; अनुवाद—'मैं हिन्दू क्यों नहीं?' (कांचा इलैया की अंग्रेजी किताब का हिन्दी अनुवाद), 'सायरन का शहर' (अरुण काले के मराठी कविता-संग्रह का हिन्दी अनुवाद)।

ओमप्रकाश वाल्मीकि के लेखन की शुरुआत 1970 के दशक में हुई। उनकी कविताएँ और कहानियाँ विभिन्न पत्र-पत्रिकाओं में प्रकाशित हुईं। लेकिन उन्हें ख्याति आत्मकथा 'जूठन' से मिली। 1997 में जूठन के प्रकाशित होते ही हिन्दी के बड़े-बड़े मठाधीशों को साँप सूँघ गया! जूठन दलित जीवन की यातना और ब्राह्मणवादी क्रूरता का प्रामाणिक दस्तावेज है। जूठन में ब्राह्मणवाद की परतों को उघाड़ने वाला जो नंगा सच है, उसे कभी अभिव्यक्ति के लायक नहीं समझा गया था। बल्कि यह कहना ज्यादा उपयुक्त होगा कि यह लेखन की दुनिया का 'अछूत' यथार्थ था। इसने पूरे ब्राह्मणवादी साहित्य को 'अपवित्र' कर दिया। अलबत्ता, विवेकशील पाठकों और लेखकों की संवेदना को 'जूठन' ने झकझोर कर रख दिया। बजरंग बिहारी तिवारी ने इसे स्वीकारते हुए लिखा, "आत्मकथा 'जूठन' से गुजरना वस्तुतः उस समाज से गुजरना है, जिसमें घृणा वरेण्य है, शोषण नैतिक है, दमन जायज है, असमानता स्वीकृत है और अत्याचार का अन्तहीन सिलसिला है। इन सबको दार्शनिक आधार भी प्राप्त है। इसीलिए ये हमें कचोटते नहीं। इनका नैरन्तर्य हमें गर्व का एहसास कराता है। इससे व्यवस्था की सनातनता पुष्ट होती है। 'जूठन' आत्मकथा इस सनातनता की पोल खोलती है, गर्व को शर्म में तब्दील कर देती है और दार्शनिक आधार के झूठेपन को बेपर्दा कर जाती है। बचपन से लेकर आज तक जिन दृश्यों, घटनाओं, कृत्यों को हमने सहज माना है, वे हमें असहज, अमानवीय और कुकृत्य लगने लगते हैं। संस्कारों से भीषण लड़ाई शुरू होती है। हम अपने को कभी संस्कारहीन, तो कभी कुसंस्कारित मानने लगते हैं।" ('कागद की लेखी का अन्तर', *हंस*, 1997) 'जूठन' ने ओमप्रकाश वाल्मीकि को रातोंरात अन्तरराष्ट्रीय स्तर पर स्थापित कर दिया। भारत की तमाम भाषाओं;

पंजाबी, तमिल, तेलुगु, मलयालम, कन्नड़ आदि, और अंग्रेजी, जर्मन, स्वीडिश आदि कई विदेशी भाषाओं में जूठन का अनुवाद हुआ। विश्व प्रसिद्ध संस्थानों में शोधकार्य हुए। अनेक विश्वविद्यालयों में जूठन को पाठ्यक्रम में शामिल किया गया। दुनिया के कई नामचीन बुद्धिजीवियों और फिल्मकारों ने भारतीय समाज और दलितों के जीवन को जानने-समझने के लिए 'जूठन' को अपने अध्ययन का प्राथमिक स्रोत बनाया।

बृहत साहित्य के लेखक ओमप्रकाश वाल्मीकि बुनियादी तौर पर कवि हैं। उनके लेखन की शुरुआत कविता से हुई और कविता उनके जीवन-संघर्ष में अनवरत संबल बनी रही। अपनी किताब 'दलित साहित्य : अनुभव, संघर्ष एवं यथार्थ' में उन्होंने लिखा है कि "प्रारम्भिक दौर में ही मेरी अभिव्यक्ति का माध्यम कविता ही रही है। एक सामाजिक कार्यकर्ता के रूप में सक्रिय रहने के साथ-साथ कविताओं की ओर मेरा झुकाव लगातार बढ़ता गया। बल्कि हताशा और निराशा के समय कविता मुझे संबल देती रही है।" कविता जीवन नहीं बल्कि उनकी पूरी दुनिया है। उसका सच दिल से क्या, अस्थि-मज्जा से निकला हुआ यथार्थ है! उनका पहला कविता-संग्रह 'सदियों का संताप' 1989 में फिलहाल प्रकाशन, देहरादून से प्रकाशित हुआ। दूसरा काव्य-संग्रह 'बस्स बहुत हो चुका' 1997 में वाणी प्रकाशन से आया। इसके बाद 2009 में उनका तीसरा काव्य-संग्रह 'अब और नहीं' राधाकृष्ण प्रकाशन से छपा। अन्तिम और चौथा काव्य-संग्रह 'शब्द झूठ नहीं बोलते' 2012 में अनामिका प्रकाशन से प्रकाशित हुआ।

उनकी कविताओं में सामन्तों-ब्राह्मणवादियों का शोषण तंत्र तथा दलितों की यातना, संघर्ष और आक्रोश की अभिव्यक्ति हुई है। दलित जीवन के भोगे हुए यथार्थ को प्रस्तुत करने वाली उनकी कविताएँ काव्यरसिकों के गले नहीं उतरतीं। उनकी कविताओं में न शास्त्रीय संस्कार है और न सात स्वरों का साज। उनकी कविताओं में वेदना की अनुभूति है। मैनेजर पांडेय के शब्दों में 'वेदना की कोई लय नहीं होती।' अभिजात साहित्य की तरह उनकी कविताएँ मनोरंजन के लिए नहीं हैं। आधुनिकतावादियों की तरह विकारों के उत्सर्जन की संवाहक भी उनकी कविताएँ नहीं हैं। उनके लिए कविता संवेदना और सरोकारों का संधान है। सच कहने का साहस और संघर्ष की गवाही है, कविता। 'शब्द झूठ नहीं बोलते' संग्रह की भूमिका में ओमप्रकाश वाल्मीकि लिखते हैं, "मेरे लिए कविता आनन्द या रसास्वादन की चीज नहीं है। बल्कि कविता के माध्यम से मानवीय पक्षों को उजागर करते हुए मनुष्यता के सरोकारों और मनुष्यता के पक्ष में खड़ा होना है।" अन्यत्र भी उन्होंने लिखा है कि "मेरे लिए कविता कला से ज्यादा जीवन की अदम्य लालसा, गतिशीलता की संवाहक है, जो हमारी पीड़ा, हमारे सुख-दुख की अभिव्यक्ति है, जिसमें हम अपने वर्तमान का प्रतिबिम्ब शिद्दत के साथ देख

सकें, जो जीवन की विद्रूपताओं से जूझने का हौसला दे...सच्ची और सही कविता है, जो सच को सच और झूठ को झूठ कहने का हौसला रखती है।"

ब्राह्मणवादी व्यवस्था में दलितों की बदतर स्थिति को बनाए रखने में धर्मग्रंथों और मिथकों की सबसे बड़ी भूमिका रही है। 'जाति का विनाश' और अन्य रचनाओं में डॉ. आम्बेडकर ने ब्राह्मणवाद और जाति व्यवस्था के स्थायित्व और निरन्तरता पर विचार करते हुए लिखा है कि दलितों के दमन और ऊँच-नीच की भावना को धर्मग्रंथों के जरिये ईश्वरीय बना दिया गया। इसलिए उन्होंने धर्मग्रंथों को पूरी तरह से खारिज कर दिया। जातिगत दमन, उत्पीड़न, अन्याय और अत्याचार की सबसे बड़ी आचार संहिता मनुस्मृति है। इसलिए डॉ. आम्बेडकर ने 25 दिसम्बर, 1927 को मनुस्मृति का दहन किया। तत्पश्चात हिन्दू धर्म त्यागने के समय 14 अक्टूबर, 1956 को उन्होंने अपने 3 लाख 80 हजार अनुयायियों के साथ 22 प्रतिज्ञाएँ कीं। इनमें विष्णु, राम, कृष्ण, शिव आदि पर आस्था नहीं रखना और कर्मकांड नहीं करना प्रमुख हैं। दलित साहित्यकारों और आम्बेडकरवादी बुद्धिजीवियों ने सबसे ज्यादा प्रहार धर्मशास्त्रों और मिथकों पर क्यों किया? ओमप्रकाश वाल्मीकि ने 'सदियों का संताप' की भूमिका में लिखा, "दलित कविता में आक्रोश उस भोगी हुई वेदना, अपमान और यातना के विरोध में है, जिसे दलित समाज हजारों साल की संघर्ष यात्रा में वहन करता रहा है। दलित कविता उसी अनुभव जगत की अभिव्यक्ति है। 25 दिसम्बर, 1927 को डॉ. आम्बेडकर ने मनुस्मृति दहन किया था। यही वह क्षण था, जहाँ से दलित मुक्ति की सही अर्थों में शुरुआत होती है और दलित चेतना का क्रान्तिकारी विस्फोट होता है। जिस संस्कृति ने मनुष्य और मनुष्य के बीच में विभेदों की दीवार खड़ी की, एक मनुष्य को दूसरे का मलमूत्र ढोने को बाध्य किया गया, उस संस्कृति के प्रति एक दलित कवि की क्या प्रतिक्रिया होनी चाहिए, यह एक गम्भीर और विचारणीय प्रश्न है जिसका उत्तर हिन्दी साहित्य देने में असमर्थ रहा है। इसीलिए दलित कविता ने इसके विरुद्ध आवाज उठाई।"

हिन्दी साहित्य और विशेषकर हिन्दी कविता का बड़ा हिस्सा मिथक कथाओं से भरा हुआ है। आदिकाल में राजाओं को महिमामंडन करने के लिए, उन्हें ईश्वर के समकक्ष खड़ा कर दिया गया। भक्तिकाव्य तो एक तरह से मिथकीय साहित्य ही है। कबीर, रैदास आदि संतों ने जात-पाँत के भेदभाव पर जरूर प्रहार किया लेकिन आध्यात्मिक लक्ष्य उनका भी ब्रह्मज्ञान और मोक्ष प्राप्ति रहा है। इसी काल में तुलसीदास जैसे भक्तों ने मिथक कथाओं के जरिये वर्णव्यवस्था को पुनः प्रतिष्ठित करने का जोरदार प्रयास किया। मजेदार बात तो यह है कि हिन्दी के प्रगतिशील और वामपंथी आलोचक भी तुलसी की कविताई पर लहालोट होते रहे हैं। इतना ही नहीं आधुनिक काल की मिथक आधारित कृतियों को भी उन्होंने

क्लासिकल का दर्जा दे दिया। इन मिथकों का महिमामंडन करने का मतलब था कि जाति और वर्णव्यवस्था को स्वीकृत करके मजबूत बनाना। इसलिए दलित साहित्यकारों ने हिन्दू धर्म के ईश्वर और करोड़ों देवी-देवताओं की 'उदात्तता' पर जमकर प्रहार किया।

हिन्दू धर्म के मिथक दलित जीवन और संस्कारों का कभी हिस्सा नहीं रहे। इन मिथकों के जरिये दलितों को केवल अपमान, तिरस्कार और परायापन मिला। 'तुम्हारी गौरव गाथा' कविता में ओमप्रकाश वाल्मीकि लिखते हैं—

क्यों लगता है हमेशा परायापन
तुम्हारी संस्कृति से
क्यों उद्वेलित नहीं करते
तुम्हारे भाव
क्यों नहीं जगाती आस्था
देवों की पाषाण मूर्तियाँ
जो गढ़ी हैं मैंने ही
छेनी हथौड़े के सधे वार से।

दरअसल, समूचे हिन्दी साहित्य के मिथकीय नायक दलित-शूद्र विरोधी रहे हैं। इसीलिए "दलित कविता ने पारम्परिक प्रचलित मिथकों को अपनी कविता में नायकों की तरह नहीं बल्कि उत्पीड़कों, शोषकों की तरह प्रयोग किया है। उनके दलित विरोधी आदर्शों ने ऐतिहासिक सन्दर्भों में सिर्फ छला है। भारतीय साहित्य में चाहे वह हिन्दी साहित्य हो या संस्कृत साहित्य, वहाँ शूद्र, अतिशूद्र, अन्त्यज, अस्पृश्य आदि के लिए नकारात्मक सोच ही दिखाई देती है। इसका कारण यह है कि साहित्य में जो नायक स्थापित किए गए, वे सभी दलित विरोधी थे।...ऐसे एक भी देवी-देवता पैदा नहीं हुए जिन्होंने दलित और स्त्री के दुख को समझकर उसकी लड़ाई लड़ी हो।" (भूमिका, सदियों का संताप) तब ईश्वर; उनका अपना कैसे हो सकता है? दलितों के उत्पीड़न, दुख-दर्द मिटाने वह क्यों नहीं आता? दरअसल, ईश्वर और कर्मकांड ही दलितों की वंचना और प्रताड़ना का कारण है।

क्यों नहीं जागृत हो जाता देवता
प्राण-प्रतिष्ठा के बाद
क्यों रह जाता है जड़ भूख और जुल्म देखकर।

न जाने कितना दूध
बहा दिया तुमने नाली में
भूखे बच्चों से छीनकर

अरे, तुम्हारे इन्हीं कुकर्मों ने हमें
कंगाल बना दिया है।

पुराण, रामायण, महाभारत जैसे धर्मग्रंथ दलितों-वंचितों के अपमान, उत्पीड़न और हत्याओं के प्रसंगों से भरे पड़े हैं। शूद्र ऋषि शम्बूक की हत्या, सर्वश्रेष्ठ धनुर्धर एकलव्य का काटा गया अँगूठा और कर्ण की हत्या ब्राह्मणवादी वर्चस्व और दलितों के दमन को चीख-चीखकर बयाँ करते हैं। दमन की संस्कृति के प्रति दलित कविता में तीव्र आक्रोश व्यक्त हुआ है। वक्त बदला है लेकिन हालात नहीं। राज बदला है लेकिन संस्कृति नहीं। 'शम्बूक का कटा सिर' कविता में ओमप्रकाश वाल्मीकि मिथकीय संस्कृति और समकालीन संघर्ष का ऐलान करते हैं—

यहाँ गली-गली में
राम है
शम्बूक है
द्रोण है
एकलव्य है
फिर भी सब खामोश हैं
कहीं कुछ है
जो बन्द कमरों से उठते क्रंदन को
बाहर नहीं आने देता
कर देता है
रक्त से सनी उँगलियों को महिमामंडित!

शम्बूक, तुम्हारा रक्त जमीन के अन्दर
समा गया है जो किसी भी दिन
फूटकर बाहर आएगा
ज्वालामुखी बनकर!

भारतीय समाज में व्यक्ति की बुनियादी पहचान जाति है। जाति से द्विजों को जन्मना श्रेष्ठता हासिल है और शूद्रों-दलितों को जन्मना हीनता। जाति के कारण ही दलितों को रोज अपमान, अन्याय और अत्याचार का सामना करना पड़ता है। जन्म से लेकर मृत्यु तक जाति कहीं उनका पीछा नहीं छोड़ती। दलितों के लिए जाति एक अभिशाप है। जीते-जी नरक! जाति की नारकीय यातनाओं को दलित कवियों ने रचा। उनके शब्दों में एक वेदना भरी चीख है। 'ठाकुर का कुआँ' कविता में बेहद सरल शब्दों में ओमप्रकाश वाल्मीकि ने जातिवादी परतों को उघाड़कर शोषणकारी तंत्र और वंचितों की बेबसी को बहुत मार्मिक ढंग से पेश किया है—

चूल्हा मिट्टी का
मिट्टी तालाब की
तालाब ठाकुर का।

भूख रोटी की
रोटी बाजरे की
बाजरा खेत का
खेत ठाकुर का।

बैल ठाकुर का
हल ठाकुर का
हल की मूठ पर हथेली अपनी
फसल ठाकुर की।

कुआँ ठाकुर का
पानी ठाकुर का
खेत-खलिहान ठाकुर के
गली मुहल्ले ठाकुर के फिर अपना क्या?
गाँव?
शहर?
देश?

56 शब्दों की यह कविता 56 इंची सत्ता के दौर में सर्वाधिक पढ़ी जाने वाली कविता बन गई है। साहित्यिक महफिलों से लेकर संसद भवन तक इस कविता की गूँज है। एक सांसद द्वारा उद्धृत किए जाने के बाद सामन्तों द्वारा हुई प्रतिक्रिया इस बात को दर्शाती है कि आज भी ब्राह्मणवाद की जड़ें कितनी गहरी हैं।

दलित समाज पीढ़ी-दर-पीढ़ी जाति दंश से पीड़ित है। सदियों से मूक-बधिर रहा, यह समाज आज अपनी पीड़ा और वेदना को व्यक्त कर रहा है। वह हँसते हुए प्रेम के गीत नहीं लिख सकता। उसका एक-एक शब्द ज्वालामुखी है, आह है, कराह है, धिक्कार है। बकौल ओमप्रकाश वाल्मीकि, "किसी एक जाति में जन्म लेने के कारण, जो कि उस व्यक्ति विशेष के हाथ में नहीं था, के लिए उसे इतनी बड़ी सजा कि उससे उसके मनुष्य होने तक के तमाम अधिकार छीन लिए जाएँ। ऐसे में जब उस अपमानित व्यक्ति के हाथ में कलम आएगी, तब वह कैसी कविता लिखेगा? क्या उसे प्रेम कविता लिखनी चाहिए या विद्रोही? यह सवाल एक दलित कवि के भीतर गर्म-गर्म लावा दहकाता रहा है।" (भूमिका, 'सदियों

का संताप') अगर यह गुलामी तुम्हारे ऊपर थोप दी जाए? 'तब तुम क्या करोगे' कविता में वाल्मीकि जी पूछते हैं—

यदि तुम्हें धकेलकर गाँव से बाहर कर दिया जाए
पानी तक न लेने दिया जाए कुएँ से
दुत्कारा फटकारा जाए
चिलचिलाती दोपहर में कहा जाए
तोड़ने को पत्थर
काम के बदले दिया जाए
खाने को जूठन
तब तुम क्या करोगे
यदि तुम्हें मरे जानवर को
खींचकर ले जाने के लिए कहा जाए
और कहा जाए ढोने को पूरे परिवार का मैला
पहनने को दी जाए उतरन
तब तुम क्या करोगे?

वेदना से उपजे इन सवालों के बावजूद, कवि समर्पण के बदले सौहार्द और अपनापन चाहता है। वह बदलाव चाहता है, बदला नहीं। 'भय' कविता में एक उम्मीद है कि काश!

तुम्हारे हाथ बढ़े होते
मेरी ओर
प्रेम गंध का स्पर्श लेकर
सच कहता हूँ
मैं सीने से नहीं
लिपट जाता तुम्हारे कदमों से
बिछ जाता
धूल बनकर जमीन पर।

बिछा तो अब भी हूँ—
प्रेम की आसक्ति पर नहीं
तुम्हारे खूनी पंजों से डरकर।

इसीलिए दलित कविता में जाति के प्रति गहरी वितृष्णा है।

स्वीकार्य नहीं मुझे जाना
मृत्यु के बाद

तुम्हारे स्वर्ग में
वहाँ भी तुम
पहचानोगे मुझे
मेरी जाति से ही।

आज देश में हिन्दुत्व की सत्ता स्थापित है। हिन्दुत्व के आवरण में ब्राह्मणवाद को मजबूत किया जा रहा है। ब्राह्मणवादी प्रतीकों और पुरातनपंथी प्रथाओं की बाढ़ आई हुई है। हाथों में त्रिशूल, तलवारें लेकर ऊँची आवाज में धार्मिक नारों से गूँजता भय का माहौल है। साधुवेश धारी पाखंडी सरेआम शूद्रों-दलितों को 'नीच-अधम' कह रहे हैं। संविधान की जगह मनुस्मृति लागू करने और भारत को हिन्दू राष्ट्र बनाने का ऐलान कर रहे हैं। पिछले एक दशक में सत्ता-पोषित सामन्ती ब्राह्मणवादियों द्वारा दलितों और महिलाओं पर अत्याचार तीव्र हुआ है। न्याय के दरवाजे बन्द होते जा रहे हैं। कर्मकांड और अन्धविश्वास के तांडवी प्रचार से उनके विवेक पर तीव्र हमला हो रहा है। राजनीति, धर्म और पूँजीवादी शक्तियों ने दलितों-वंचितों को गुलाम बनाने के लिए गठजोड़ कर लिया है।

डॉ. आम्बेडकर ने आजादी के आन्दोलन के समय ही हिन्दुत्व के नाम पर उभर रहे नव ब्राह्मणवाद को पहचान लिया था। इसीलिए उन्होंने 1940 में प्रकाशित 'पाकिस्तान : द पार्टीशन ऑफ इंडिया' किताब में बहुत स्पष्ट लिखा था कि 'जातियों में विभाजित हिन्दू कभी एक राष्ट्र नहीं हो सकते।...अगर हिन्दू राष्ट्र बनता है तो यह करोड़ों दलितों के लिए आपदा साबित होगी। इसलिए किसी भी कीमत पर हिन्दू राष्ट्र को रोका जाना चाहिए।' लेकिन आजादी के बाद धीरे-धीरे संस्कृति की आड़ में हिन्दुत्व की साम्प्रदायिक राजनीति बढ़ती गई। मन्दिर-मस्जिद की इस राजनीति के लिए विकृत इतिहास लिखा गया। सदियों तक जाति-वर्ण के आधार पर शोषण और दमन की स्मृतियों को मिटाने के लिए मध्यकाल को मुस्लिम आक्रान्ताओं द्वारा हिन्दुओं के दमन के इतिहास के रूप में प्रचारित किया गया। जबकि हिन्दू संस्कृति को जोर-शोर से सहिष्णु बताया गया। घोर आश्चर्य! सदियों से दलितों पर अत्याचार करने वाला हिन्दू सहिष्णु है—वैदिकी हिंसा हिंसा न भवति!

'शब्द झूठ नहीं बोलते' की भूमिका में ओमप्रकाश वाल्मीकि लिखते हैं कि "सभ्यता, संस्कृति के घिनौने षड्यंत्र लुभावने शब्दों से भरमाने का काम करते हैं। जहाँ नैतिकता, अनैतिकता और जीवन-मूल्यों के बीच फर्क करना मुश्किल हो जाता है।" पुन: वे हिन्दू सहिष्णुता के सच को तंज भरे लहजे में बेनकाब करते हैं—

हाँ, सचमुच तुम सहिष्णु हो
जब दंगों में मारे जाते हैं
अब्दुल और कासिम

कल्लू और बिरजू
तब तुम सत्यनारायण की कथा सुनते हुए
भूल जाते हो अखबार पढ़ना।

पूजते हो गांधी के हत्यारे को
तोड़ते हो इबादतगाह झुंड बनाकर।

महात्मा गांधी के हत्यारे को पूजने वाले और बाबरी मस्जिद तोड़ने वाले हिन्दुत्ववादी आज सत्तानशीं हैं। हिंसा की यह संस्कृति आज मॉब लिंचिंग जैसे भयावह कुकृत्य में तब्दील हो चुकी है।

मानीखेज है कि दलित साहित्यकारों में, खासकर ओमप्रकाश वाल्मीकि ने हिन्दुत्व और उसकी संस्कृति की तीखी आलोचना की है। हिन्दुत्ववादियों ने भारतीय संस्कृति और हिन्दू संस्कृति को गड्डमड्ड कर दिया। उनके दावे पर ओमप्रकाश वाल्मीकि व्यंग्य करते हैं—

कैद कर रखा है तुमने तहखानों में
संस्कृति को
मैं पूछता हूँ—
संस्कृति क्या तुम्हारी रखैल है?

'शास्त्रीय भाषा का शब्द वसुधैव कुटुम्बकम् कितना खोखला' है? वाल्मीकि जी पूछते हैं, 'उपेक्षा, उत्पीड़न और अछूत जाति किस सभ्यता और संस्कृति की देन है?'

90 के दशक में पिछड़ों के आरक्षण वाली मंडल राजनीति के बरक्स कमंडल की राजनीति तेज हुई। साम्प्रदायिक राजनीति दंगों में बदल गई। विस्फोटक की जगह मूर्तियों ने ले ली। धार्मिक जुलूस भय पैदा करने लगे। 'आईना' कविता में वाल्मीकि जी ने भयावहता को इन शब्दों में दर्ज किया है—

खड़ा हूँ चौराहे पर
जहाँ से गुजरा है अभी-अभी
एक जुलूस
जिसमें शामिल थे
बिन चेहरों के लोग
जिनके हाथों में चमक रही थीं
तलवारें, त्रिशूल और तमंचे...

इस खूँखार समय में
आरडीएक्स की जगह
हो सकती हैं मूर्तियाँ
जो आस्था के प्रश्न पर
कर दी जाएँगी फिट
अवैध जगहों पर
खून-खराबे के लिए किसी तर्क की
आवश्यकता नहीं होती है।

ओमप्रकाश वाल्मीकि हिन्दू संस्कृति के मुखौटे में छिपे हिंसक, अश्लील और सत्तालोलुप चेहरे को बेनकाब करते हैं। यह राजनीति और संस्कृति अब और भी भयानक और खूनी हो चुकी है। आज दलित साहित्य विमर्श और आम्बेडकरवाद क्रूर और आतताई हिन्दुत्ववादी सत्ता और संस्कृति का डटकर मुकाबला कर रहा है।

दरअसल, ओमप्रकाश वाल्मीकि आधुनिक कबीर हैं। उतने ही फक्कड़, निर्भीक और निर्द्वन्द्व। अपनी रचनाओं के माध्यम से सामन्तों और ब्राह्मणवादियों से दो-दो हाथ करने वाले। सत्ता-संस्कृति के बरक्स खड़ा एक ऐसा साहित्यकार जिसकी कविता आग उगलती है, जिसकी आत्मकथा ने हिन्दू धर्म और जातिवाद की जड़ों को हिलाकर रख दिया। दलित जीवन के बदरंग प्रसंगों को रचकर ओमप्रकाश वाल्मीकि ने हिन्दू धर्म के पाखंड को बेपर्दा किया। उनकी कहानियों ने पौराणिक कथाओं की अश्लीलता को नंगा कर दिया। ओमप्रकाश वाल्मीकि ने उस सामाजिक व्यवस्था का पर्दाफाश किया, जिसमें सदियों से यातनाओं का शिकार दलित पशुओं से भी बदतर जीवन जी रहा था। दलितों के शोषण और दमन पर पलने वाला रक्तपिपासु ब्राह्मणवाद आज ओमप्रकाश वाल्मीकि के साहित्यिक कठघरे में है। उससे हजारों सालों की यातनाओं का हिसाब माँगा जा रहा है।

ओमप्रकाश वाल्मीकि का व्यक्तित्व जितना प्रेरक है, उनकी कविताएँ भी इस हिंसक और नफ़रती समय में आश्वस्त करती हैं। ब्राह्मणवादी हिन्दुत्व की सत्ता का मुकाबला करने का हौसला देती हैं। उनकी सम्पूर्ण कविताओं का सम्पादन करके गर्व की अनुभूति हो रही है। ये अवसर प्रदान करने के लिए प्रतिष्ठित राजकमल प्रकाशन के सम्पादकीय निदेशक प्रिय मित्र सत्यानंद निरुपम और प्रबन्ध निदेशक अशोक महेश्वरी जी का बहुत आभार। कबीर और सिद्धार्थ का भी धन्यवाद, जिनके हिस्से का वक्त चुराकर इस काम को समय से पूरा किया गया।

जनवरी, 2024

—रविकान्त

क्रम

सदियों का सन्ताप

बस्स! बहुत हो चुका

अब और नहीं...

शब्द झूठ नहीं बोलते

ठाकुर का कुआँ

चूल्हा मिट्टी का
मिट्टी तालाब की
तालाब ठाकुर का।

भूख रोटी की
रोटी बाजरे की
बाजरा खेत का
खेत ठाकुर का।

बैल ठाकुर का
हल ठाकुर का
हल की मूठ पर हथेली अपनी
फसल ठाकुर की।

कुआँ ठाकुर का
पानी ठाकुर का
खेत-खलिहान ठाकुर के
गली-मुहल्ले ठाकुर के
फिर अपना क्या?
गाँव?
शहर?
देश?

[नवम्बर, 1981]

मानचित्र

मेरे जिस्म के मान चित्र पर
उभर रहे हैं—
बनकर फफोले
कहीं बेलछी
तो कहीं शेरपुर
कहीं पारस बिगहा
तो कहीं नारायणपुर

इन फफोलों को सहलाने के लिए
मेरे हाथ मेरे पास नहीं हैं
वे तो बहुत पहले
मेरे बाप-दादों ने
रख दिये थे गिरवी
किसी सेठ साहूकार की तिजोरी में
दो मुट्ठी चावल के बदले।

मेरे जिस्म पर
गोदना-सा खुदे
वक्त की तूफानी हवाओं के प्रहार
चमक रहे हैं
आड़ी-तिरछी काली काली रेखाओं में;

जिसमें बेइंताह तनहा
दुख भरे अतीत की पीड़ा
गहरी वेदना के साथ अंकित है
अपनी संपूर्ण तार्किक वर्जनाओं के साथ।

किसी प्राइमरी स्कूल की
बदरंग दीवार पर
खुरच दिये गए
प्लास्टर-सा मेरा जिस्म
रोशनदान से आती क्षीण-सी
सूरज की किरण को रोककर
समेट लेना चाहता है
तभी पड़ोस में
रामबिरिज का छोटा तल्ला
दूध के लिए रोता है
बदले में थप्पड़ खाकर
चुपचाप सो जाता है।

पता नहीं यह कौन-सा
समीकरण है
जो दिन से रात
रात से दिन
पल-पल छिन-छिन खींच रहा है
जिस्म से पसीना।

स्कूल में मास्टर साहब
मानचित्र में जगह-जगह
रखकर पेंसिल समझाते हैं
यह है कलकत्ता, बम्बई, दिल्ली
कानपुर, नागपुर, पूना, बंगलौर
तभी धीरे-से
कोई नारायणपुर उभरता है
शेरपुर धधकता है
बेलछी कराहता है
और रातों-रात मुझे
दर्दनाक हादसों के समन्दर में
धकेल देता है।

[मई, 1980]

ज्वालामुखी

सदियों से पीड़ित,
दलित
मेरा हृदय बन गया है—
ज्वालामुखी
फट पड़ने को लालायित
भीतर ही भीतर
मुझे हिला रहा है।

बाँहे फड़कती हैं
जिह्वा मचलती है
प्रगति अवरुद्ध
जाति-व्यवस्था के बंधन में।
अतीत शोषित, प्रताड़ित
इतिहास गहन अन्धकार में डूब गया है।

पूर्वजों के शौर्य
पराक्रम से रंगे पृष्ठों को
धर्मभीरुता की दीमक
चाट गई है।
शेष बचा यदि कुछ—
मेरा अस्पृश्य शरीर
गन्दे कूड़ेदान-सी बास
शहर, गाँव, बस्ती से बाहर मेरा डेरा
अतीत का राग अलाप रहा है।
बदन पर जगह-जगह
पानी पानी जैसा मेरा खून

सड़कों पर
गलियों में
खेत-खलिहानों में
कहीं आग से जलते झोपड़ों में
नि:सहाय कराह रहा है।

ऊँची-ऊँची अट्टालिकाओं के कहकहे
सफेदपोश नेताओं के भाषण
चौराहे पर गांधी का पुतला
गलियों में
समाजवाद का नारा
मेरा मन बहला रहा है।

सूर्य की एक किरण
घने बादलों के बीच चमक कर
मुझे जगा गई है
मेरे हाथों की शक्ति
सहनशीलता, फौलादी दृढ़ता
हिला देगी जाति-व्यवस्था को।

बहुत हो चुका
शोषण,
प्रताड़ना
और उपेक्षा
बस, अब मेरा ज्वालामुखी फट पड़ेगा।

[मई, 1975]

चोट

पथरीली चट्टान पर
हथोड़े की चोट
चिंगारी को जन्म देती है
जो गाहे-बगाहे आग बन जाती है।
आग में तपकर
लोहा नर्म पड़ जाता है
ढल जाता है
मनचाहे आकार में
हथौड़े की चोट से।

एक तुम हो,
जिस पर किसी चोट का
असर नहीं होता।

[फरवरी, 1985]

कविता और फसल

ठंडे कमरों में बैठकर
पसीने पर लिखा कविता
ठीक वैसा ही है
जैसे राजधानी में उगाना फसल
कोरे कागजों पर।

फसल हो या कविता
पसीने की पहचान हैं दोनों ही।

बिना पसीने की फसल
या कविता
बेमानी है
आदमी के विरुद्ध
आदमी का षड्यंत्र
अँधे गहरे समन्दर सरीखा
जिसकी तलहटी में
असंख्य हाथ
नाखूनों को तेज कर रहे हैं
पोंछ रहे हैं उँगलियों पर लगे
ताजा रक्त के धब्बे।

धब्बे : जिनका स्वर नहीं पहुँचता
वातानुकूलित कमरों तक
और न ही पहुँच पाती है
कविता ही
जो सुना सके पसीने का महाकाव्य

जिसे हरिया लिखता है
चिलचिलाती दुपहर में
धरती के सीने पर
फसल की शक्ल में।

[सितम्बर, 1986]

पटाक्षेप

मैं, अँधेरे के उत्सव में
बाजीगर के जमूरे की तरह
उलटा लटका हूँ।

भीड़ में खड़े लोग
सिर के बल खड़े होकर
तालियाँ बजा रहे हैं।

मेरे चेहरे पर रक्त उतर आया है
आँखों में भर गया है
धूप का रंग।

माँ की खुरदरी हथेली पर
खिंची धुएँ की लकीर
मेरी चेतना को,
पथरीली चट्टानों पर
पटक रही हैं।

मैं न जमीन पर हूँ
न आकाश पर
हवा में उलटा लटका हूँ।

कोई उसे गलत है या सही
मेरी नजर में इस वक्त
भीड़ जंगली घास की तरह है
जिसका अन्त कट जाना है

और, धूप में झुलसकर
अत्याचारों की फेहरिस्त में जुड़ जाना है।

फिर भी कहीं कोई
अँधेरे की सत्ता के विरुद्ध नहीं है,
अनाप-शनाप वक्तव्यों में
रोशनी के सपने
अँधेरे की गोद में छिपकर
सो गये हैं।

देश की नदियाँ
सिमटकर छोटी हो गई हैं
बाजार की चमचमाती सड़कों पर
रंग-बिरंगी बत्तियाँ जल रही हैं
अँधेरे के स्वागत में
साफ-सुथरे हाथ उठ रहे हैं
अभिवादन में।

और, मैं
शहर के बीचोबीच
उलटा लटका हूँ जमूरे की तरह
इस उम्मीद में
कि भीड़, से कोई एक बाहर आएगा
और सूर्य की तेज रोशनी
मशाल की तरह जलाकर
अँधेरे के उत्सव का
पटाक्षेप कर देगा।

[फरवरी, 1988]

युग चेतना

मैंने दुःख झेले
सहे कष्ट पीढ़ी-दर-पीढ़ी इतने
फिर भी देख नहीं पाये तुम
मेरे उत्पीड़न को
इसीलिये युग समूचा
लगता है पाखंडी मुझको।

इतिहास यहाँ नकली है
मर्यादाएँ सब झूठी
हत्यारों की रक्तरंजित उँगलियों पर
जैसे चमक रही
सोने की नग जड़ी अंगूठियाँ।

कितने सवाल खड़े हैं
कितनों के दोगे तुम उत्तर
मैं शोषित, पीड़ित हूँ
अन्त नहीं मेरी पीड़ा का
जब तक तुम बैठे हो
काले नाग बने फन फैलाये
मेरी सम्पत्ति पर।

मैं खटता खेतों में
फिर भी भूखा हूँ

निर्माता में महलों का
फिर भी निष्कासित हूँ
प्रताड़ित हूँ।

इठलाते हो बलशाली बनकर
तुम मेरी शक्ति पर
फिर भी मैं दीन-हीन जर्जर हूँ
इसीलिए युग समूचा
लगता है पाखंडी मुझको।

[अक्टूबर, 1988]

शम्बूक का कटा सिर

जब भी मैंने
किसी घने वृक्ष की छाँव में बैठकर
घड़ी भर सुस्ता लेना चाहा
मेरे कानों में
भयानक चीत्कारें गूँजने लगी
जैसे हर एक टहनी पर
लटकी हो असंख्य लाशें
जमीन पर पड़ा हो शम्बूक का कटा सिर।
मैं, उठकर भागना चाहता हूँ
शम्बूक का सिर मेरा रास्ता रोक लेता है
चीख-चीखकर कहता है—
युगों-युगों से पेड़ पर लटका हूँ
बार-बार राम ने मेरी हत्या की है।

मेरे शब्द पंख कटे पक्षी की तरह
तड़प उठते हैं—
तुम अकेले नहीं मारे गये तपस्वी
यहाँ तो हर रोज मारे जाते हैं असंख्य लोग;
जिनकी सिसकियाँ घुटकर रह जाती हैं।
अँधेरे की काली पर्तों में।

यहाँ गली-गली में
राम है

शम्बूक है
द्रोण है

एकलव्य है
फिर भी सब खामोश हैं
कहीं कुछ है
जो बंद कमरों से उठते क्रन्दन को
बाहर नहीं आने देता
कर देता है
रक्त से सनी उँगलियों को महिमा मंडित!

शम्बूक, तुम्हारा रक्त जमीन के अन्दर
समा गया है जो किसी भी दिन
फूटकर बाहर आयेगा
ज्वालामुखी बनकर!

[सितम्बर, 1988]

तनी मुट्ठियाँ

मेरी पीढ़ी सदियों के अभिशाप को
कंधों पर लादे
गाँव से शहर तक आयी है
खड़ी देख रही है
चौराहे पर
मशाल लिये जाते जुलूस को।

आँखों में मरुस्थली रेत
किरकिराती है
सघन होती है
युग की विशाल क्रूरता
तमाम वर्जनाओं के साथ,
रक्त शिराओं में
जेठ की दुपहर-सी पिघलती है
माघ-पूस की सर्द रातों-सी
दहकती है
धरती और आकाश के बीच
टूटकर गिरता है कोई नक्षत्र
अँधेरी रात में
किसी कर्ण की सिसकियाँ
ऊँच-रुँध जाती हैं।

शम्बूक की अभिशप्त हत्या
और एकलव्य के साथ

किये गये छल को साथ लिए
मेरी पीढ़ी
जंगलों, पहाड़ों, नदियों और नालों में
खोज रही हैं
गत और विगत के बीच की मीन शिलाएँ
जिन पर जाने-अनजाने
कितनी ही लकीरें खींच दी गई होंगी
विश्वास की घनी चादर फैलाकर।

मेरी पीढ़ी,
लड़ रही है कई-कई युद्ध एक साथ।
तन और मन दोनों जख्मा हैं
उँगलियों से रिसता लहू
इतिहास पृष्ठों पर
अपनी पहचान ढूँढ़ना चाहता है
रौंदी गई जिन्दगी के अवशेष
नहीं मिलते।

समूची संस्कृति तहस-नहस होकर
बाढ़ के गंदले पानी की तरह
बह गई है/ समा गई है
समुद्र की अतल गहराई में।
मेरी पीढ़ी
शब्दों के अर्थ भले ही न जानती हो
शब्दों से बाहर आती
गर्म लावे सी ऊष्मा को पहचानती है
साथ ही पहचानती है
पसीने की गर्म गंध को भी
जो आषाढ़ की सौंधी गंध से मिलकर
इतिहास रचती है।

मेरी पीढ़ी ने अपने सीने पर
खोल लिया है संघर्ष
जहाँ आँसुओं का सैलाब नहीं

विद्रोह की चिंगारी फूटेगी
जलती झोंपड़ी से उठते धुएँ में
तनी मुट्ठियाँ
तुम्हारे तहखानों में
नया इतिहास रचेंगी।

[अक्टूबर, 1988]

झाड़ू वाली

सुबह पाँच बजे
हाथ में थामे झाड़ू
घर से निकल पड़ती है
रामेसरी
लोहे की हाथ गाड़ी धकेलते हुए
खडंग-खड़ांग की कर्कश आवाज
टकराती है
शहर की उनींदी दीवारों से
गुजरती है
सुनसान पड़े चौराहों से
करती हुई ऐलान
जागो!
पूरब दिशा में लाल-लाल सूर्य
उगने वाला है।

नगरपालिका की सुनसान सड़कें
धुँधलकों की जमात में
टिमटिमाते इक्का-दुक्का तारे
कान पर जनेऊ लपेटे
गुनगुनाते स्वर में
श्लोक रटता हुआ पास से गुजरता पंडित
चाय की दुकान के फट्टे पर
चीकट मटमैली चादर में लिपटा ऊँघता नौकर

भट्ठी के पास लेटा कुनमुनाता झबरा कुत्ता
चौकते हैं

पास से गुजरती
लोहे की हाथ गाड़ी की आवाज पर
कोसते हैं जी भर कर।

रामेसरी के हाथ में थमी बाँस की मोटी झाड़ू
सड़क के उबड़-खाबड़ सीने पर
श्च-श्च की ध्वनि से तैरती है
उड़ाती है धूल का गुबार।
धूल : जो सैकड़ों वर्षों से
जम रही है पर्त-दर-पर्त
फेफड़ों में रामेसरी के
रंग रही है श्वास नली को
चिमनी-सा
कारखाने से उठते धुएँ-सा

सब कुछ मिलाकर
एक खाका उभरता है
जो जिन्दगी की क्रूरता का नमूना है
जिसमें छोटे-छोटे बच्चों का
अनवरत सिलसिला है
जिन्हें लील जाती है
गन्दगी से उठती दुर्गन्ध
और, वे न जाने कब बड़े होकर
गन्दगी के इस शहर में दुर्गन्ध बन जाते हैं।
फिर एक दिन, जब
रामेसरी की खुरदरी हथेली हो जाती है असमर्थ
हाथ गाड़ी को धकेलने में
छोटे-छोटे हाथ

सड़क तक लाते हैं
धकेलकर गाड़ी को,
बदले में पाकर असंख्य जख्म भी
खामोश रह जाते हैं
ढोते हैं

जिन्दगी का भार उसी तरह
जैसे ढोते रहे हैं इनके पुरखे
चेहरे पर कुछ लकीरें हैं
जो वक्त ने उकेरी है।

साल-दर-साल गुजरते हैं
दीवारों पर चिपके चुनावी पोस्टर
मुँह चिढ़ाते हैं।
जब तक रामेसरी के हाथ में
खड़ांग-खांग घिसटती लौह गाड़ी है
मेरे देश का लोकतंत्र
एक गाली है!

[सितम्बर, 1988]

हथेलियों में थमा सिर

चुंधयायी आँखों का भविष्य
अँधेरे की शक्ल में तैनात है
मिट्टी की दीवारों पर
मौसम के अक्स का पीछा करते हुए।

गली के मुहाने पर
खाँसता सदियों का अभिशाप
समय की गिनती भूल चुका है।
साथ ही भूल चुका है
साँझ और सवेरे का अन्तर।

चुंधयायी आँखों का भविष्य
पसीने की गंध में लिपटा
जेठ की तपती दुपहर-सा
नीम की छाँव में दहकता है।

रूखे सख्त हाथों में उभरी रक्त शिरायें
झुलसी-सांवली त्वचा के नीचे कुनमुनाती हैं।
बिना आवाज के;
बचे-खुचे रक्त की संवाहक बनकर
ढोती है कसैली टीस,
जिसे पल-पल गहराते अँधेरे ने उकेरा है
सिर से पाँव तक।

जोहड़ के किनारे जमी काई
और दरख्तों की फुनगियों से फिसलती धूप

मिलकर भी कोई राह सुझा नहीं पाती
इसीलिए तो
घुटनों पर टिकी कुहनियाँ
और, हथेलियों में थमा सिर
बेबस है वक्त के इस पड़ाव पर
जहाँ शब्द और भाषा अपनी पहचान खो चुके हैं।

[जुलाई, 1988]

सन्धि-रेखा

आसमान और धरती के मध्य
मौसम की
झीनी चादर ओढ़कर
लेट गये हैं हम
दिन और रात की
सन्धि-रेखा पर
इस इन्तजार में
कि कभी-न-कभी
आसमान और धरती
एक हो जायेंगे
ठीक उसी तरह
जैसे
एक हो जाते हैं
पेट
और
हाथ
वक्त पड़ने पर!

[अक्टूबर, 1981]

शब्द का जन्म

मैं जानता हूँ
बिन बोले भी बहुत कुछ
कह जाते हो तुम
आँखों से रिसते बूँद-बूँद पानी में
तुम्हारी समूची वेदनाओं का प्रतिबिम्ब
समुद्र के खारे जल-सा
बादलों के रीतेपन को भर देता है
और फिर, उमड़ पड़ता है
बाढ़ की तरह।

तुम्हारी आँखों में
अंकुरित होते सवालों को
बीज की तरह देखता हूँ मैं।

बीज : जो धरती की कोख में
नये शब्द को जन्म देता है।

इसीलिए मैं बार-बार
तुम्हारे करीब आता हूँ
नए शब्द का अर्थ जानने के लिए।

शब्द: जो एक न एक दिन
अँधेरी गुफा में कैद
रोशनी को छुड़ाकर
बाहर लायेगा।

[अक्टूबर, 1988]

पत्थर

छू भर लेने से
पत्थर को
महसूस किया नहीं जा सकता
क्योंकि,
छिपा होता है
खुरदरा एहसास
चिकनी सतह के भीतर।

पत्थर : किसी भी मजबूत चोट से
दे देता है जन्म एक चिंगारी को
टूट कर बिखर जाने से पहले।

चिंगारी जो बदल सकती है
अँधेरे को उजाले में
या कर सकती है
पुनर्जीवित
किसी भी ठंडे चूल्हे को।

सही हाथ में पड़ते ही पत्थर
इतिहास रच लेता है
या फिर तोड़ देता है
शीशे के उन घोंसलों को

जहाँ से कोई महीन आवाज
मुझे सुनाई नहीं देती।

मैं, पत्थर हो सकता हूँ
तुम्हारी उनकी और सबकी
असलियत समझने के लिए।

[अगस्त, 1987]

कुदाल

जब, तुम ऋचाओं को
दोहराते हुए
पवित्र नदियों में
स्नान कर रहे थे
पढ़ रहे थे मन्त्र श्लोक
ऊँची आवाज में
मन्दिर के भीतरी प्रकोष्ठ में।

सुवासित धुएँ के बीच
तम्हारी मांस पेशियाँ
चमक रही थी
विद्युत तरंग-सी।

और, मैं
कीचड़ से लथपथ पाँव लिए
हाथ में थामे कुदाल
धरती के सख्त सीने को
छील रहा था
जीवन बूटी की तलाश में।

गर्म बालू भी
तपती दुपहर में

झुलसा नहीं पाया था
मेरे तलवों को
क्योंकि

तुम्हारी आँखों में
दहकती काली रात के सामने
सभी भय निरापद लगते थे मुझे।

पृथ्वी की समूची ऊर्जा
रक्त शिराओं में समेटकर भी
मैं अपाहिज था
क्योंकि,
जो कुदाल तुमने दी थी
मेरे हाथ में
वह मिट्टी को सोना तो
बना सकती थी
किंतु,
उठ नहीं सकती थी
तुम्हारे विरुद्ध!

[अगस्त, 1987]

दीया

कच्चे घर में
जलते दीये की रोशनी पर
कब्जा करके बैठ गये हो तुम।

लौ के ठीक ऊपर काला धुआँ है
जो पर्त-दर-पर्त
कालिख पोत रहा है
दीवार पर,
नीचे गहरा अँधेरा है
जिसमें दीपदान को पकड़े खड़ा हूँ मैं
हज़ार-हजार वर्षों से अनवरत।

मेरी पिंडलियों
और भुजाओं के मांस से बनी है बाती
हड्डियों को निचोड़कर
निकाला गया है तेल।

अँधेरे में,
कालिख पुता मेरा जिस्म
जिसे तुमने अपवित्र
घोषित कर दिया

तिल-तिल जल रहा है
तुम्हें रोशनी देने के लिए।
किन्तु इतना याद रखो
जिस रोज इनकार कर दिया

दीया बनने से
मेरे जिस्म ने
अँधेरे में खो जाओगे
हमेशा-हमेशा के लिए।

[फरवरी, 1989]

सदियों का संताप

दोस्तों,
बीता दिये हमने हज़ारों वर्ष
इस इन्तज़ार में
कि भयानक त्रासदी का युग
अधबनी इमारत के मलबे में
दबा दिया जायेगा किसी दिन
जहरीले पंजों समेत।
फिर हम सब
एक जगह खड़े होकर
हथेलियों पर उतार सकेंगे
एक-एक सूर्य
जो हमारी रक्त शिराओं में
हजारों परमाणु क्षमताओं की ऊर्जा
समाहित करके
धरती को अभिशाप से मुक्त करायेगा!

इसीलिए, हमने अपनी समूची घृणा को
पारदर्शी पत्तों में लपेटकर
ठूँठे वृक्ष की नंगी टहनियों पर
टांग दिया है
ताकि आने वाले समय में
ताजे लहू से महकती सड़कों पर

नंगे पाँव दौड़ते
सख्त चेहरों वाले साँवले बच्चे
देख सकें

कर सकें प्यार
दुश्मनों के बच्चों से
अतीत की गहनतम् पीड़ा को भूलकर।

हमने अपनी उँगलियों के किनारों पर
दुःस्वप्न की आँच को
असंख्य बार सहा है
ताजा चुभी फाँस की तरह
और अपने ही घरों में
संकीर्ण पतली गलियों में
कुनमुनाती गन्दगी से
टखनों तक सने पाँव में
सुना है
दहाड़ती आवाजों को
किसी चीख़ की मानिंद
जो हमारे हृदय से
मस्तिष्क तक का सफर तय करने में
थक कर सो गई है।

दोस्तों,
इस चीख़ को जगाकर पूछो
कि अभी और कितने दिन
इसी तरह गुमसुम रहकर
सदियों का संताप सहना है!

[जनवरी, 1989]

धुरी पर घूमती पृथ्वी

सूरज के निस्तेज होकर
क्षितिज के नीचे
चले जाने से पहले
मैं तुम्हें बता देना चाहता हूँ
कि सूरज का अस्त होना
और अँधेरे में बदल जाना
अन्त नहीं है
धुरी पर घूमती पृथवी
इस बात को अच्छी तरह जानती है।

कल फिरा
सूरज सही सलामत
सन्नाटे को तोड़कर
आकाश में ऊपर उठेगा
चिड़ियाँ चहचहायेंगी
वृक्षों की टहनियों पर
तब न अस्त होने की थनक होगी
और न ही रात का अँधेरा
मुँडेरों पर आसन जमाकर
बैठा रह पाएगा।

सुबह होने से पहले
मैं, तुम्हें बता देना चाहता हूँ
कि सुबह आएगी धीरे-धीरे

तेज रोशनी चारों ओर फैलकर
अँधेरे को उजाले में बदल देगी।

धुरी पर घूमती पृथ्वी
इस बात को अच्छी तरह जानती है।

[फरवरी, 1989]

तब तुम क्या करोगे?

यदि तुम्हें,
धकेलकर गाँव से बाहर कर दिया जाये
पानी तक न लेने दिया जाये कुएँ से
दुत्कारा-फटकारा जाये
चिलचिलाती दुपहर में
कहा जाये तोड़ने को पत्थर
काम के बदले
दिया जाये खाने को जूठन
तब तुम क्या करोगे?

यदि तुम्हें,
मरे जानवर को खींचकर
ले जाने के लिये कहा जाये
और,
कहा जाये ढोने को पूरे परिवार का मैला
पहनने को दी जाए उतरन
तब तुम क्या करोगे?

यदि तुम्हें,
पुस्तकों से दूर रखा जाये
जाने नहीं दिया जाये
विद्या मन्दिर की चौखट तक

ढिबरी की मन्द रोशनी में
कालिख पुती दीवारों पर
ईसा की तरह टाँग दिया जाये

तब तुम क्या करोगे?

यदि तुम्हें,
रहने को दिया जाये
फूस का कच्चा घर
वक्त-बेवक्त फूँक कर जिसे
स्वाहा कर दिया जाये
बरसात की रातों में
घुटने-घुटने पानी में
सोने को कहा जाये
तब तुम क्या करोगे?

यदि तुम्हें,
नदी के तेज बहाव में
उलटा बहना पड़े
दर्द का दरवाजा खोलकर
भूख से जूझना पड़े
भेजना पड़े नयी-नवेली दुल्हन को
पहली रात ठाकुर की हवेली
तब तुम क्या करोगे?

यदि तुम्हें,
अपने ही देश में नकार दिया जाये
मानकर बन्धुआ
छीन लिये जाएँ अधिकार सभी
जला दी जाये समूची सभ्यता तुम्हारी
नोच-नोच कर

फेंक दिए जायें
गौरवमय इतिहास के पृष्ठ तुम्हारे
तब तुम क्या करोगे?

यदि तुम्हें,
वोट डालने से रोका जाये

कर दिया जाये लहूलुहान
पीट-पीटकर लोकतन्त्र के नाम पर
कदम-कदम पर
याद दिलाया जाये जाति को ओछापन
दुर्गन्ध भरा हो जीवन
हाथ में पड़ गये हों छाले
फिर भी कहा जाये
खोदो नदी नाले
तब तुम क्या करोगे?

यदि तुम्हें,
सरेआम बेइज्जत किया जाये
छीन ली जाये संपत्ति तुम्हारी
धर्म के नाम पर
कहा जाये बनने को देवदासी
तुम्हारी स्त्रियों को
करायी जाये उनसे वेश्यावृति
तब तुम क्या करोगे?

साफ-सुथरा रंग तुम्हारा
झुलसकर साँवला पड़ जायेगा
खो जायेगा आँखों का सलोनापन
तब तुम कागज पर
नहीं लिख पाओगे

सत्यम् शिवम् सुन्दरम्।
देवी-देवताओं के वंशज तुम
हो जाओगे लूले-लँगड़े और अपाहिज
जो जीना पड़ जाये युगों-युगों तक
मेरी तरह?
तब तुम क्या करोगे?

[सितम्बर, 1988]

पेड़

पेड़,
तुम पेड़ उसी वक्त तक
पेड़ हो,
जब तक ये हरे पत्ते
हिल रहे हैं
तुम्हारी टहनियों पर।

पेड़,
तुम्हारा हरापन उसी वक्त तक है
जब तक ये पत्ते सही-सलामत हैं
तुम्हारी टहनियों पर।

पेड़,
तुम उसी वक्त तक पेड़ हो,
जब तक ये पत्ते
तुम्हारे साथ हैं
पत्ते झरते ही
पेड़ नहीं, ठूँठ कहलाओगे
जीते जी मर जाओगे!

शायद आप जानते हों

यज्ञों में पशुओं की बलि चढ़ाना
किस संस्कृति के प्रतीक हैं
मैं नहीं जानता,
शायद आप जानते हों!

अर्थ बदलकर शब्दों के
गढ़ लेना असंख्य प्रतीक,
ऋग्वेद के कृष्ण को
महाभारत में फिट करके
हो जाना आत्मविभोर
सो जाना गहरी नींद में
देख नहीं पाना सपनों में
पन्ने फाड़कर बाहर आती क्रूर हँसी
जो चुपके-चुपके दीमक की तरह
खा गई तहखानों में सहेजकर
रखी संस्कृति को
संस्कृति और संस्कृत में
क्या सम्बन्ध है
मैं नहीं जानता
शायद आप जानते हों!

श्मशानों के भूत-पिशाच
मरघट का वैराग्य नहीं जानते
भवानी का खप्पर भी अभी खाली है
गले में नरमुंड डालकर जब
वह नृत्य करेगी

जलती इमारत की छत से
छलाँग लगाकर आत्महत्या भी नहीं
कर पाओगे

तुम्हारे रचे शब्द
तुम्हें ही डसेंगे साँप बनकर

गंगा किनारे
कोई वटवृक्ष ढूँढ़कर
भागवत का पाठ कर लो
आत्मतुष्टि के लिए
कहीं अकाल मृत्यु के बाद
भयभीत आत्मा
भटकते-भटकते
किसी कुत्ते या सूअर की मृत देह में
प्रवेश न कर जाए
या फिर पुनर्जन्म की लालसा में
किसी डोम या चूहड़े के घर
पैदा न हो जाए!

चूहड़े या डोम की आत्मा
ब्रह्म का अंश क्यों नहीं है
मैं नहीं जानता, शायद आप जानते हों!

मुट्ठी भर चावल

ओ, मेरे प्रताड़ित पुरखो
तुम्हारी स्मृतियाँ
इस बंजर धरती के सीने पर
अभी जिन्दा हैं
अपने हरेपन के साथ।

तुम्हारी पीठ पर
चोट के नीले गहरे निशान
तुम्हारे साहस और धैर्य को
भुला नहीं पाए हैं अभी तक।

सख्त हाथों पर पड़ी खरोंचें
रिसते लहू के साथ
विरासत में दे गई हैं
ढेर-सी यातनाएँ
जो उगानी हैं मुझे इस धरती पर
हरे-नीले-लाल फूलों में।

बस्तियों से खदेड़े गए
ओ, मेरे पुरखो
तुम चुप रहे उन रातों में
जब तुम्हें प्रेम करना था
आलिंगन में बाँधकर,
अपनी पत्नियों को।

तुम तलाशते रहे
मुट्ठी भर चावल
सपने गिरवी रखकर।

ओ, मेरे अज्ञात, अनाम पुरखो
तुम्हारे मूक शब्द
जल रहे हैं
दहकती राख की तरह
राख : जो लगातार काँप रही है
रोष में भरी हुई।

मैं जानना चाहता हूँ
तुम्हारी गन्ध...
तुम्हारे शब्द...
तुम्हारा भय...
जो तमाम हवाओं के बीच भी
जल रहे हैं
दीये की तरह युगों-युगों से!

वह मैं हूँ!

मुँह-अँधेरे बुहारी गई सड़क में
जो चमक है—
वह मैं हूँ!

कुशल हाथों से तराशे
खिलौने देखकर
पुलकित होते हैं बच्चे
बच्चे के चेहरे पर जो पुलक है—
वह मैं हूँ!

खेत की माटी में
उगते अन्न की खुशबू—
मैं हूँ!

जिसे झाड़-पोंछकर
भेज देते हैं वे
उनके घरों में
भूलकर अपने घरों के
भूख से बिलबिलाते बच्चों का रुदन
रुदन में जो भूख है—वह मैं हूँ!

प्रताड़ित-शोषित जनों के
क्षत-विक्षत चेहरों पर
घावों की तरह चिपके हैं
सन्ताप भरे दिन
उन चेहरों में शेष बची हैं

जो उम्मीदें अभी—
वह मैं हूँ!

पेड़ों में
नदी का जल
धूप-हवा में
श्रमिक-शोणित गन्ध
बाढ़ में बह गई झोंपड़ी का दर्द
सूखे में दरकती धरती का बाँझपन
वह मैं हूँ सिर्फ मैं हूँ!!!

उपोत्पाद

पैदा हुए, वैसे ही
जैसे होते हैं पैदा
गलियों में कुत्ते-बिल्ली।

पैदा हुए, वैसे ही
जैसे होती है खेत में पैदा
खर पतवार
हरी दूब झाड़-झंखाड़।

पैदा हुए, वैसे ही
जैसे खाँड़ बनाने की प्रक्रिया से
पैदा होता है शीरा
पेट्रोल से तारकोल।

पैदा हुए, वैसे ही
जैसे जंगल में उगते हैं पेड़
पहाड़ पर पत्थर
नदी में रेत,
रेत में सीपियाँ
सीप में मोती।

मोती से बनती है माला
जिसे गले में डालकर
बैठते हैं वे राजसिंहासन पर
और, हम
खो जाते हैं

अँधेरे में वैसे ही
जैसे पैदा हुए
गुमनाम
उपोत्पाद की तरह।

बाहर आएँगे एक दिन

नहीं मिला दूध उसे
सफेद-काली गाय का
नहीं खाया उसने
दही और मक्खन कभी
नहीं सोया गद्‌देदार बिस्तर पर।

लगातार लड़ा है वह
बेहया मौसम से।

पाला है भूखे बच्चों को
बहला-फुसलाकर
इस इन्तजार में
कि एक रोज बीत जाएँगे
ये सन्ताप भरे दिन।

टूटकर बिखर जाएँगे
आदिम भेड़ियों के दाँत।

काले पृष्ठों पर अदृश्य लहू की गन्ध
पहचान लेंगे एक दिन
उसके भूखे-प्यासे बच्चे।
नहीं निहारेंगे दूर खड़े होकर
लहलहाती फसलें
जिसे उगाने में

रक्त पिया है पुरखों का
इस धरती ने।

नहीं भरेंगे उनकी कोठियाँ और गोदाम
अनाज के बोरों से।

ये भूखे-प्यासे बच्चे
बाहर आएँगे एक दिन
बन्द अँधेरी कोठरियों से
कच्ची माटी की गन्ध
साँसों में भरकर!

मिट्टी के कच्चे घर

मिट्टी के कच्चे घर
होते हैं पारदर्शी
जान लेते हैं आस-पड़ोस का सुख-दुख
आसानी से।

मिट्टी के कच्चे घर
जहाँ समय लठैत की
बलात्कारी मुद्रा में
दरवाजे पर झाँकता है।

मिट्टी के कच्चे घर
बिना रोशनदान
बरसों करते हैं इन्तजार
सूर्य की भूली-भटकी किरण का
या फिर ढह जाते हैं चुपचाप
किसी बरसाती रात में।

मिट्टी के कच्चे घरों से
कोई गली
बाहर नहीं निकलती
खत्म हो जाती है
एक अन्धे मोड़ पर
जहाँ न कोई साइनबोर्ड है
न कोई नारा लिखा है
न चिपका है कोई पोस्टर
किसी दीवार पर

जबकि,
कच्चे घर नहीं रोकते
एक दूसरे को
करीब आने से
खड़े रहते हैं सटकर
जुलूस में खड़ी भीड़ की तरह।

खेत उदास हैं

चिड़िया उदास है—
जंगल के खालीपन पर
बच्चे उदास हैं—
भव्य अट्टालिकाओं के
खिड़की-दरवाजों में कील की तरह ठुकी
चिड़िया की उदासी पर

खेत उदास हैं—
भरपूर फसल के बाद भी
सिर पर तसला रखे हरिया
चढ़-उतर रहा है एक-एक सीढ़ी
ऊँची उठती दीवार पर

लड़की उदास है—
कब तक छिपाकर रखेगी जन्मतिथि

किराये के हाथ
लिख रहे हैं दीवारों पर
'उदास होना
भारतीयता के खिलाफ है'!

कच्ची मुँडेर पर

कबूतर की तरह बैठी लड़की
सपनों-भरी आँखों में
बुनती है दहशत

हथेली की ओट से
ताकता है दूर जाते पाहुने को
बूढ़े दिनों का प्रलाप

गलियारे की गर्द
हलाक हो जाती है
दहलीज से लिपटकर

मुँडेर से फिसलकर
कीचड़ में तब्दील हो जाते हैं आँसू

बैल के खुर में
जागती है रात-भर
खेत की माटी
रीत जाता है
उम्र का फासला
कच्ची मुँडेर पर।

अँधेरे की नदी

जब वह गर्भ में था
उसके चारों ओर घना अँधेरा था।

जब पैदा हुआ
आसपास की चीजों पर
नजर डाली
सब कुछ धुँधला-सा था।

माँ की सिसकियाँ
दादी की खुरदरी उँगलियाँ
महसूस कीं उसने
अपनी नर्म त्वचा पर।

धूप ने उसके कानों में
फुसफुसाकर कहा
जिसके सहारे वह आँगन से बाहर निकला।

धूप की तेज गन्ध
उसके भीतर समा गई
उसने चिल्ला कर आवाज दी—
"तुम कहाँ हो धूप?"
धूप ने कहा—
"सबसे ऊँची इमारत के सबसे ऊँचे
कमरे में कैद हूँ।"

उसे लगा,
जैसे वह डूब रहा है
अँधेरे की नदी में।

उसकी मुट्ठी खाली थी
पेट खाली था
शरीर पर लिपटा था
एक मटमैला चिथड़ा।

उसने सख्त, खुरदरी धरती को छूकर देखा
जो कराह रही थी
ठीक उसी तरह
जैसे सिसकती है उसकी माँ
पहाड़-से दिनों
और समन्दर-सी रातों में।

आदिम रूप

एक-एक करके
वे सभी अपने-अपने पक्ष में
तर्क देते रहे
और, मैं चुपचाप सुनता रहा
निरन्तर बजता रहा
मेरे भीतर अनहद नाद
सन्नाटों की खामोश चीख-सा।

शब्दों का खोखलापन
बार-बार उजागर हुआ
फिर भी कहीं एक विश्वास बचा रहा
कि एक न एक दिन
शब्द अपने आदिम रूप में
उपस्थित होकर साक्ष्य देंगे
जनसमूह के बीच।

बचा रहा विश्वास
कि एक न एक दिन
सारे तर्क
लम्पट बौद्धिकता में लिपटे साबित होंगे
और,
उजाड़ साँझ के बाद का अँधेरा
छिन्न-भिन्न होकर
उजली धूप का आभास होगा।

धूप जो सुबह-सबेरे
छत पर आकर जगाती है
बिना किसी तर्क के
उतर आती है चुपके-चुपके
सखी-सहेली की तरह
अदम्य शक्ति से भरी हुई।

शब्द! तुम्हें कसम है
एक न एक दिन तुम
उतरोगे पृथ्वी पर
धूप बनकर!

घृणा तुम्हें मार सकती है

चाहे संकीर्ण कहो या पूर्वाग्रही
मैं जिस टीस को बरसों-बरस
सहता रहा हूँ
अपनी त्वचा पर
सूई की चुभन जैसे,
उसका स्वाद एक बार चखकर देखो
हिल जाएगा पाँव तले जमीन का टुकड़ा।

मेरे और तुम्हारे बीच
एक रेतीला दूह है
जो किसी अन्धड़ का इन्तजार करने से पहले
किसी भी वक्त फट सकता है
जिसके गर्भ से निकलेंगे
घृणा में लिपटे कुटिल शब्द
जिन्हें जलना होगा
दहकती भट्ठी में
रोटी की महक में बदलने के लिए।

रोटी की महक
जानती है आग का स्वाद
और,
पहुँचती है नासिका रन्ध्र तक
हड्डियों के रस में डूब कर।

यदि, तुम्हें पहुँचना है
इस महक तक

अपने कापुरुष से कहो
भय छोड़कर बाहर आए
जैसे छत पर आती है धूप।

घृणा तुम्हें मार सकती है
तोड़ सकती है
पर अपने ही दायरे में
जिन्दा नहीं रख सकती
ताजा हवा देकर
और, नहीं सुना सकती
प्रेम कविता
मौसम के रंगीन पंखों पर बैठाकर!

पंडित का चेहरा

बार-बार दोहराने पर भी
याद नहीं आता
गाँव के उस पंडित का चेहरा
जिसके मटमैले बस्ते में
ठुसी होती थीं
कुछ पुरानी पोथियाँ
पोथियों में भरे होते थे शब्द
शब्दों में अर्थ।

शब्द कभी झूठ नहीं बोलते
झूठ बोलते हैं उनके अर्थ।

अर्थ : जिसे बदल लेता था
गाँव का पंडित
दक्षिणा की राशि देखकर।

पंडित का चेहरा
याद क्यों नहीं आता?
जबकि मैं सब कुछ
याद कर लेना चाहता हूँ
जो कुछ भी लिखा था
उस पंडित की पोथी में!

यदि लिखा था सब कुछ
तो क्यों डाँटकर भगा दिया था
मेरी माँ को पंडित ने

उस वक्त, जब वह पूछने गई थी
मेरा भविष्य।

माँ भी अनपढ़, देहातिन
जिसकी उँगलियों में बसी थी गन्ध
मिट्टी और गोबर की
उसे विश्वास था
पंडित की पोथी पर
उसी तरह जैसे विश्वास था
माटी की गन्ध पर।

पंडित का चेहरा
याद करना चाहता हूँ
पुस्तकों की दुकान में
पुस्तकालयों में तलाशता हूँ
उस तुड़ी-मुड़ी पीले रंग की पोथी को
जो दुर्लभ अप्राप्य वस्तु की तरह
कहीं दिखाई नहीं देती
मैं जानना चाहता हूँ
उस पोथी में
मेरा नाम लिखा था या नहीं।

यातना

शारीरिक यातनाओं से
बड़ी यंत्रणा होती है—
इच्छाओं के विरुद्ध जीना
या देखते-देखते छिन जाना
उन क्षणों का
जिनसे हँसा जा सकता था
गुनगुनाया जा सकता था
हवाओं की तरह।

हवा : जो विचारों-सी
हल्की होती है
और धूप-सी भारी।

आँखें : जिसे खोजना चाहें
वह यदि खो जाए
नरकुलों के बियाबान जंगल में
और, अजनबी-सी परिचय की गन्ध
फैल जाए इर्द-गिर्द
मेरुदंड तोड़कर
डर समा जाए
जिस्म के पोर-पोर में
जब अतीत और वर्तमान
मिलकर एक हो जाएँ
धुएँ के बीच
टूटती सिसकियाँ
जमीन पर घुटने टेक दें

चुप हो जाए
खून से नहाया हर एक श्वास
प्रत्यक्ष आँखों में डूब जाए
दुपहर
अपनी ही धड़कनें
चुभने लगें उँगलियों में
फाँस की तरह—
उम्र का वह लमहा
किसी यातना से कम नहीं होता।

हिंसा का अर्थ

अतीत से वर्तमान के बीच
चीखों की अनुगूँज
नहीं लिखी गई दस्तावेज की तरह
जो समझा सके
हिंसा का सही-सही अर्थ।

निर्दयता से मारे गए लोगों की चुप्पी
खामोश कन्दराओं में
अतीत की परतों के नीचे
जाग रही है
सरसराती हवा ने नहीं उठाया कोई पत्थर कभी
प्रतिशोध में
गूँजती हँसी के खिलाफ।

जाने कहाँ दुबकी हैं
गर्म रक्त की उसाँसें
विलाप से आरक्त आँखें
शोक में डूबकर भटक गई
अन्धे-गहरे सायों में।

शून्य की चौखट पर
अध्यात्म की खिड़की नहीं खुली
सर्द रातों में
पुआल भी गरमी का अहसास-भर ही रहा
सुन्न हाथ-पाँव
अँधेरे में टटोलती उँगलियाँ

सिर पटक-पटककर
लहूलुहान हो गईं
सुबह की दहलीज पर।

क्षितिज के पास काला धुआँ
लाल रक्त की तरह
हमक रहा है
अतीत का आर्तनाद
इतिहास के नकलीपन में
खोज रहा है
हिंसा का सही-सही अर्थ।

अकाल

जब भूख से लड़ने के लिए
हम चला रहे थे खेत में हल
दूर-दूर तक
आकाश में
बादल का कोई भी टुकड़ा नहीं था
सूख रही थी नदी चुपचाप।

पहाड़ों में सूराख करके
खोखला कर देने की क्रिया
आकाश में उड़ती चील ने देखी
और बाज को बताया
बाज ने कबूतर को
कबूतर ने बिल्ली को
बिल्ली ने कटोरे में रखे दूध को देखा
दूध कुनमुनाया
बछड़ा रम्भाया
गाय ने बैल को बताया।

बैल कन्धे पर जुआ थामे
सिर झुकाए नाप रहा था
ताजा हल चले खेत की गहराई।
बैल का सिर हिला
गले में बँधी घंटियाँ खनकीं
बीज बोते हाथ ठिठके

और आँख के कोर से
एक बूँद ढुलककर
नम कर गई जमीन को!

आकाश अब भी खाली था।

हवा, धूप और धरती

सब कुछ है
तुम्हारी मुट्ठी में
हवा, धूप और धरती।

धूप : सबसे पुरानी मित्र है तुम्हारी
जो आकाश-सी तनी है सिर पर
गलीचे-सी बिछी है धरती पर।

मुट्ठी खाली नहीं है
जैसे खाली नहीं है मस्तिष्क।

दूर क्षितिज पर
दरख्तों की एक साँवली-सी रेखा
जोड़ती है धरती और आकाश को
जैसे साँझ जोड़ती है रात और दिन को।

मुट्ठी खाली नहीं है
जैसे खाली नहीं है धरती।

हवा की सरसराहट
गुजरती है पास से
धारदार चाकू की तरह
जिसे तुम छुओ या न छुओ
चुपचाप उतर जाएगी

तुम्हारे फटे लिहाफ में
सर्द रातों की तरह।

जहाँ कुछ नहीं होता
वहाँ हवा होती है
खालीपन भर देने के लिए।

घृणा और प्रेम कहाँ से शुरू होते हैं?

याद करो,
उस माँ का चेहरा
जिसका बेटा सरेआम पीटा गया
निर्ममता से
जिसने चाहा था करना दोस्ती
जंगल के फूलों
और नदी की लहरों से

याद करो,
उस बेटे का चेहरा
जिसके सामने फेंक दिए हों
नोच-नोचकर
उसकी माँ के वस्त्र

याद करो,
उस बूढ़े बाप का चेहरा
जिसने खेत जोता दिन-भर
काटी फसल
बुहारा आँगन
मिली गालियाँ-दुत्कार जिसे
कठिन श्रम के बदले,
जिसकी बढ़ती बेटी के जिस्म पर
टिक जाती हैं गिद्ध नजरें
याद करो उस बाप का चेहरा

याद करो,
उस सरकारी क्लर्क का चेहरा
जिसे पानी पिलाने से कतराता है
चपरासी

इन सबके बावजूद भी
तुम नहीं जानना चाहते
घृणा और प्रेम कहाँ से शुरू होते हैं?

रास्ते की धूल अभी मौजूद है

शहर-दर-शहर घूमकर जब वे लौटे
उनकी आँखों में
रास्ते की धूल मौजूद थी।

उँगलियों पर
स्याही के निशान गायब थे।

झोले में पड़ी किताबें
कबाड़ी की दुकान में जाकर
उनके लिए रात का शगल बनने की
प्रक्रिया से गुजर रही थीं
वे लौटे थे
बहसों से थककर
रात-भर जागकर। उन्होंने लिखे थे कुछ नारे।

घंटाघर की घड़ी
जो बरसों से बिना समय बताए भी
घड़ी होने का गुमान पाले हुए
अपने ही अहम् से तुष्ट
धीमे-धीमे मुस्कुरा रही है।

चायघर में। कुछ लोग बहसों में उलझे हैं अभी तक
बिना यह जाने कि कल इस शहर में
कई वारदातें हो चुकी हैं
फिर भी सब कुछ शान्त है।

कुछ बुद्धिजीवी थाने में बन्द रहे हैं
रात-भर
एक के बाद एक खाकी वर्दी
उनकी माँ-बहन की योनियों से
अपने सम्बन्ध जोड़ चुकी है
फिर भी घंटाघर की घड़ी की तरह
ये बुद्धिजीवी धीमे-धीमे मुस्कुरा रहे हैं
बची-खुची किताबों को
कबाड़ी के पास बेचने
जा रहे हैं।

साँझ का धुँधलका
उनकी थकान बढ़ा देता है
क्योंकि, वे शहर-दर-शहर भटककर
अभी-अभी लौटे हैं
उनकी आँखों में
रास्ते की धूल, अभी मौजूद है!

रुँधे हुए शब्द

अभद्र गालियाँ और पाशविक दर्प
उतर आएँ जब असंख्य पृष्ठों पर
सजी-सँवरी भाषा का मुखौटा पहनकर
तब कितनी बौनी हो जाती है कविता
कितना विशालकाय हो जाता है आदमखोर।

मुर्दा-संस्कृति की लाश पर
मँडराती चील जश्न मनाएगी
जिसके पंखों के साये में
संस्कृति का तकिया बनाकर
शिकारगाह में अधलेटा आदमखोर
निकाल रहा है
दाँत में फँसे मांस के रेशे
नुकीले खंजर से।

आप हँसें पीठ पीछे या खड़ी कर दें
लोहे की दीवारें रास्तों पर
किसी का घर फूँकें
या फैलाएँ दहशत
कर दें नाकाबन्दी

हलाक होने से पहले
हर एक साँस बाहर उगलेगी
भीतर का लावा
मौत की कातर चीख बनकर
पूछेंगे सवाल रुँधे हुए शब्द—

क्यों नहीं आई बाढ़ गंगा में?
क्यों नहीं उठकर बैठ गया अधजला मुर्दा
काशी के मणिकर्णिका घाट पर?
क्यों नहीं उमड़ा चक्रवात
महासागर की विस्तृत लहरों पर?
जब पुष्पवर्षा की थी देवताओं ने
तपस्वी की हत्या पर!

वे भयभीत हैं

वे भयभीत हैं
इतने
कि देखते ही कोई किताब
मेरे हाथों में
हो जाते हैं चौकन्ने
बजने लगता है खतरे का सायरन
उनके मस्तिष्क और सीने में
करने लगते हैं एलान
गोलबन्द होने का।

वे भयभीत हैं
इतने कि समझने लगते हैं
आँधी
मेरे उच्छ्वासों को
जो बढ़ रहे हैं लगातार
उनके बन्द किले की ओर
जहाँ सुरक्षित हैं वे
फिर भी भयभीत हैं।

ढूँढ़ना चाहता हूँ मैं
बन्द किताब के पन्नों में
अपनी साँसें
स्याह अक्षर चुप्पी साधे
देख रहे हैं कनखियों से
सन्नाटों में डूबे किले की ओर।

खामोशी मुझे भयभीत नहीं करती।

मैं चाहता हूँ
शब्द चुप्पी तोड़ें
सच को सच
झूठ को झूठ कहें!

कभी सोचा है

तुम महान् हो,
तुम्हारी जिह्वा से निकला
हर शब्द पवित्र है—
मान बैठा था मैं।

तुमने पढ़ रखी हैं
ढेरों पुस्तकें
आता है दोहराना शब्दों को
बदलना अर्थों को।

सहिष्णुता तुम्हारी पहचान है

वर्ण-व्यवस्था को तुम कहते हो आदर्श
खुश हो जाते हो
साम्यवाद की हार पर

जब टूटता है रूस
तो तुम्हारा सीना 36 हो जाता है
क्योंकि मार्क्सवादियों ने
छिनाल बना दिया है
तुम्हारी संस्कृति को।
हाँ, सचमुच तुम सहिष्णु हो
जब दंगों में मारे जाते हैं
अब्दुल और कासिम
कल्लू और बिरजू
तब तुम सत्यनारायण की कथा सुनते हुए

भूल जाते हो अखबार पढ़ना।

पूजते हो गांधी के हत्यारे को
तोड़ते हो इबादतगाह झुंड बनाकर।

कभी सोचा है
गन्दे नाले के किनारे बसे
वर्ण-व्यवस्था के मारे लोग
इस तरह क्यों जीते हैं?
तुम पराये क्यों लगते हो उन्हें
कभी सोचा है?

तुम्हारी गौरवगाथा

क्यों नहीं फड़कते बाजू मेरे
सुनकर तुम्हारी गौरवगाथा

क्यों लगता है हमेशा
परायापन तुम्हारी संस्कृति से
क्यों उद्वेलित नहीं करते
तुम्हारे अमूर्त भाव।

क्यों नहीं जगातीं आस्था
देवों की पाषाण मूर्तियाँ
जो गढ़ी हैं मैंने ही
छैनी-हथौड़े के सधे वार से।

क्यों नहीं जाग्रत हो जाता देवता
प्राण-प्रतिष्ठा के बाद
क्यों रह जाता है जड़
भूख और जुल्म देखकर।

न जाने कितना दूध
बहा दिया तुमने नाली में
भूखे बच्चों से छीनकर
अरे, तुम्हारे इन्हीं कुकर्मों ने हमें
कंगाल बना दिया है।

फिर भी...!

काटे जंगल
खोदे पहाड़
बोए खेत
फिर भी रहे भूखे।

बनाई नहरें
खोदे कुएँ
लगाए नल
फिर भी रहे प्यासे।

लड़े युद्ध
जीते भूखंड
बदले राज
फिर भी रहे दास।

हाथों में अथाह शक्ति
सीने में धैर्य
मन में विश्वास
फिर भी सही दुत्कार।

नहीं बोये काँटे
बाँटे सिर्फ
सगुन प्यार के
फिर भी रहे अछूत!

सोचने नहीं देते

नहीं, मैं सोच नहीं पाता
उस तरह
जैसे सोच लेते हो तुम।

जब गुनगुनाते हो कोई पंक्ति
किसी प्राचीन ग्रन्थ से
मुझे याद आते हैं
अपने पुरखों के रक्त-सने जिस्म
भयातुर चेहरे
बोझ से झुकी देह पर नीले निशान।

मैं जानना चाहता हूँ
अर्थ उन पंक्तियों का
जिन्हें गुनगुनाते हो,
अर्थ नहीं बताते तुम
सिर्फ व्यक्त करते हो शंकाएँ
मेरी जिज्ञासा पर।
उस वक्त, मैं सोच नहीं पाता
उस तरह जैसे सोच लेते हो, तुम
चायघरों में बैठकर
जब करते हो दार्शनिक विवेचन
समाज-व्यवस्था का,
मुझे याद आते हैं बचपन के दिन
जब प्यास लगने पर
खड़ा रहना पड़ता था घंटों

किसी कुएँ या नल के पास।

करनी पड़ी प्रतीक्षा
किसी जन्मना श्रेष्ठ के आने की।

मैं जानता हूँ अच्छी तरह
एक दिन भी पानी न मिले यदि तुम्हें
उठा लेते हो
जमीन-आसमान सिर पर।

एक मैं हूँ
जिसकी न जाने कितनी पीढ़ियाँ
रहीं प्यासी बिना पानी
युगों-युगों तक।

जब ऊँचे स्वर में
बात करते हो न्याय-अन्याय की
मुझे याद आते हैं
'आत्मदाह' में झुलसे अबोध युवक-युवतियाँ
जिनकी चीत्कारें मुझे सोचने नहीं देतीं
उस तरह जैसे सोच लेते हो तुम।

मुट्ठी-भर सुकून

लकड़ी की पाटी पर बैठकर
वह कूटती है कपड़े
माँजती है बरतन
डाँटती है बच्चों को
कुढ़ती है
चिल्लाती है
उस समय जब उसे होना चाहिए शान्त

अक्सर रहती है खामोश
जब उसे बोलना चाहिए
हँसती है
जब उसे सोचना चाहिए
लाल रंग के डोरे
पनपते हैं उसकी आँखों में
जब वह प्रेम करती है
हो जाती है उदास
जब टूटता है आकाश में कोई तारा

रात के सायों में
वह तलाशती है
अपने हिस्से का उजाला
धीरे से दुलारती है
गहरी नींद में सोए बच्चों को

पाषाण-रूप, खजुराहो की अपरूपा
अंकशायिनी,

धुन्ध-भरे कुहासे-सी निःश्वास
कहीं दूर नींद की पगडंडी पर
बर्फीली नदी की तरह
जम जाती है
या बिखर जाती है
साँसों की गर्म रेत पर
सुलगती है धुआँ-धुआँ
लालसाओं के अधूरे अग्निकुंड में

बाहर एक दुनिया है
जिसे वह पकड़ना चाहती है
भीतर एक दुनिया है
जिसे वह जानना चाहती है
आँगन में
पेड़ की तरह खड़ा भय
उसे शक्तिहीन कर देता है।

सुबह उठते ही वह
रात की स्याही
हवाले कर देती है धूप के
भर लेती है नया दिन
अपनी साँसों में
मुट्ठी भर सुकून के लिए।

लाशों के बाद भी

जलती बस्तियों में
लाशों के ढेर पर
वे दे रहे हैं वक्तव्य
सहिष्णुता और आस्था का
तर्कहीन कुकृत्य
उन्हें भयभीत नहीं करते
नहीं जगातीं सपनों में
दर्दनाक चीखें
इतने रक्तपात
इतनी आगजनी के बाद भी!

उनकी बारीक मुस्कुराहटें
सन्त बैरागी-सा चोला
उन्हें जरायमपेशा घोषित नहीं करता
स्वच्छ श्वेत परिधानों पर
गुनाहों का लालचौला
दिखाई नहीं पड़ता
कुछ आँखें देख रही हैं
खामोशी के साथ
अँधेरे की गहरी परतों में
खतरनाक साजिश
जो कड़ुवे धुएँ का चक्रव्यूह बनाकर
फँसा रही असंख्य अभिमन्यु।

फुटबाल की तरह
लुढ़क रहे हैं

रोजी-रोटी के लिए भटकते लोग
कभी इस पाले में
कभी उस पाले में
बार-बार पड़ती हैं चोटें
रिसता है जिस्म से लहू
जिस पर वे मनाएँगे जश्न
जो इतनी-इतनी लाशों के बाद भी
दे रहे हैं वक्तव्य
सहिष्णुता और आस्था का।

खामोश आहटें

कभी नहीं माँगी बालिश्त भर जगह
नहीं माँगा आधा राज भी
माँगा है सिर्फ न्याय
जीने का हक
थोड़ा-सा आकाश
थोड़ा-सा पीने लायक पानी
थोड़ा-सा सुख
थोड़ा-सा चैन
थोड़ी-सी धूप
थोड़ी-सी हवा
थोड़ी-सी रोशनी
थोड़ी-सी किताबें
थोड़ा-सा बचपन
थोड़ा-सा अपनापन
जब-जब भी कुछ माँगा :
वे गोलबन्द होकर टूट पड़े
मैं अवाक!
चक्रव्यूह में फँसे अभिमन्यु की तरह
देखता रह गया।
मैं जला हूँ,
असंख्य लाक्षागृहों में
भोगी है नग्न वेदना
द्रोपदी चीरहरण की।
रक्तरंजित खड़ा मैं
सुन रहा हूँ खामोश आहटें
आनेवाले महाभारत की।

कर्फ़्यू के बावजूद

शहर में बसी बारूद की गन्ध
एक खतरनाक मोड़ ले चुकी है
जहाँ हताशा और नैराश्य घेरा डालकर
बैठ गए हैं पुलिस बल की तरह।

तुम बुझी हुई अँगीठी के
अंगारे खोजने में
वक्त जाया मत करो
अंगारों की समूची आँच
सिपाही ले गए हैं अपने घर
हाथ सेंकने के लिए
इस एलान के साथ कि
स्थिति नियंत्रण में है
और शहर में कर्फ़्यू लगा दिया गया है।

फिर भी मैं कर रहा हूँ इन्तजार तुम्हारा
खुले किवाड़ रखकर
जबकि किवाड़ खुले रखना
जोखिम भरा है।

साँसों की हर एक गति खौफनाक ढंग से भयभीत है
पत्थरों से खाई चोटें
अब भी टीसती हैं
हर क्षण एक युद्ध जारी है
जहाँ हार-जीत दोनों ही मेरी है।
उथल-पुथल मची है

मेरे इर्द-गिर्द
जो न घर में रहने देती है
न बाहर।

मैं चाहता हूँ—एक सीधा-सपाट रास्ता
जो पहुँचा सके मुझे
तुम्हारे पास तक
या जिस पर चलकर तुम
आ सको मेरे दरवाजे तक
जिसमें यादों की घनी परछाइयाँ
धुँधली न पड़ें कभी
न जुड़ें गलत सन्दर्भों से।

मरुस्थली हवाओं का तेज बवंडर
दहकता है ज्वालामुखी-सा
मेरे अन्तर्मन में
जिसे किसी ठंडी नदी में डुबोकर
शान्त कर लेना चाहता हूँ क्योंकि
इन आँधियों ने अक्सर पुकारा है
नाम तुम्हारा

जो गहरे अक्षरों में खुदा है मेरे भीतर
पुरातत्त्व के शिलालेख की तरह
जिसे समय की पर्त भी
झुठला नहीं सकती
इसीलिए कर्फ्यू के बावजूद
मैं कर रहा हूँ इन्तजार तुम्हारा
...किवाड़ खुले रखकर।

युद्ध

बालू के घरौंदे
किले नहीं होते
जहाँ बैठकर
कोई भी युद्ध लड़ा जा सके
उस वक्त

जब जिस्म को झकझोर देनेवाली आँधियाँ
दरवाजों, खिड़कियों पर
भारी भरकम हाथों से वार कर रही हों
छल रही हों
रात और दिन की सन्धि रेखाएँ
फुसला देनेवाले शब्दों के मुखौटे पहनकर।

और, पसर जाती हों खबरें
अक्ल की शक्ल में
घुस आती हों मुँह अँधेरे
बन्द दरवाजों के नीचे से
बन्द, हड़ताल और नारे
बेमानी हो जाते हैं
समय के साथ होते समझौतों में

क्योंकि; हर समझौता
आदमी को निगल जाता है
उसी तरह
जैसे इतिहास में खो जाता है
इतिहास रचनेवाला जनमानस

सिर्फ बचा रहता है
लड़े गए युद्धों का वर्णन
और उससे उपजे
निर्णयों का वीभत्स रूप
जहाँ सत्ता के गलियारों की चकाचौंध
उठापटक और सन्धियाँ
काली छाया बनकर
चिपकी रहती है युगों-युगों तक हर एक चेहरे पर।

समझौते और युद्ध
समय की गिरफ्त से छूटकर
कभी सड़क पर नहीं गिरते
जहाँ मिट्टी में सना लहू
किसी भी युद्ध की
शक्ल बदल देने के लिए प्रतीक्षारत है।

साथ ही अपनी समूची ऊष्णता को
धरती के भीतर रोप देना चाहता है
ताकि, विपरीत दिशा से आते
चक्रवातों को रोका जा सके!

दंगों के बाद

गर्म सलाखों से बिंधे
धुआँ-धुआँ जलते शहर में
बीचों-बीच खड़ा आदमी
संविधान की धाराओं-सा
सन्दर्भहीन हो गया है
लगता है—अँधेरे और उजाले की
सन्धि-रेखा
वृत्ताकार बनकर
आदिम गुफा में परिवर्तित हो गई है।

और, आदमी खोने लगा है
आवाज अपनी
दहकने लगा है; जंगल में लगी आग की तरह!
आग : जो समेट लेती है
अपने-पराये सभी को
झुलस देती है
हर चीज को अपनी आँच से।

चौराहे पर
सैनिक टुकड़ी के पाँव तले
धर्मनिरपेक्षता का परचम
दम तोड़ रहा है
जल रहा है
फिर एक बार; यह शहर नंगा हो गया है।

बदरंग पर्दों के पीछे
छिपी विद्रूपताएँ
उधड़ने लगी हैं
उगने लगी हैं
कँटीली झाड़ियाँ
हर एक हथेली पर
जहाँ कभी हमने
उगाए थे
कबीर के ढाई आखर!

पोस्टर

बहुत गिड़गिड़ाने के बाद भी
उन्होंने मुझे मजबूती से पकड़कर
मेरी पीठ पर पोत दी
ढेर सी लेई
और फिर चिपका दिया मुझे
सड़क के किनारे ऊँची दीवार पर।

मेरे हाथों और पैरों में
छोटी-छोटी कीलें ठोंककर
लिख दिए इन्द्रधनुषी नारे
मेरे मुँह पर
छाती और बाँहों पर
खींच दिये अनेक चिह्न
आड़ी-तिरछी रेखाओं में।

सड़क से गुजरते लोगों ने
मुझ पर सरसरी नजर डाली
और आगे बढ़ गए
दूसरे दिन, फिर कुछ लोग आए
झुंड बनाकर
और गर्म-गर्म बहसों में उलझ गए।

मैं, हैरान था
कि वे मुझे पहचान क्यों नहीं रहे हैं
सिर्फ पढ़ रहे हैं

उस इबारत को
जो मेरे जिस्म पर लिख दी गई है।

मैंने चीखना चाहा
ऊँची आवाज में
किन्तु मेरे शब्द घुटकर रह गए
उनके शोर में
मैं दीवार पर चिपका देख रहा था
भीड़ को जुलूस में बदलते।

आपस में लड़ते-झगड़ते वे लोग
दोहरा रहे थे बार-बार
उन शब्दों को
जो मेरी छाती पर खोदे गए थे
तेज नुकीले चाकू से...।

कल जब कोई तेज अन्धड़
बिखेर देगा मुझे जमीन पर
चिथड़े-चिथड़े करके
तब भीड़ में से किसी एक को पकड़कर
फिर, चिपका दिया जाएगा
मेरी जगह
पोस्टर की शक्ल में।

चुप्प रहना

मुझे रहना था!

वे भी चाहते थे
मैं चुप रहूँ

यह अलग बात है—
ऐसी कोई शर्त
या अनुबन्ध
नहीं था हमारे बीच

साथ चलने का दिखावा
निरा दिखावा ही साबित हुआ
जब अपने पक्ष में बोलना चाहा मैंने

बोलता रहा जब तक
उनके पक्ष में
कोई ऐतराज नहीं था उन्हें

अपने पक्ष में बोलते ही
वे गोलबन्द होने लगे
समझाने लगे
शास्त्रीय विधि और अर्थ
बोलने का

मैं जानता हूँ
चुप्प रहना
कितना महँगा पड़ा है!

कविता सिर्फ कविता नहीं होती

पूरी कविता सुन लेने के बाद
उसने कवि से पूछा—
'किसके बारे में है यह कविता
कुछ खुलासा कीजिए!'

कवि शून्य में ताकने लगा।

साँसें उलझ गईं कवि की
बौद्धिक विलास में
चेहरे पर छाई उदासी
बदलने लगी रंग
अखबार की सुर्खियों की तरह

कविता की एक पंक्ति उठाकर उसने
थमा दी कवि के हाथों में
दिन की धूप
रात के साये में बदलकर
फैल गई कवि की हथेली पर।

कविता की जगह लड़की
लड़की की जगह सन्नाटा
सन्नाटे की जगह चीख
चीख की जगह गाली
गाली की जगह डंडा
डंडे की जगह गोली

....
....
....

कुछ भी बदल जाए
कविता मौन है।

कविता सिर्फ कविता नहीं होती
जिसे जब चाहा
जैसा चाहा ओढ़-पहन लिया
जब चाहा उतारकर फेंक दिया।

कविता की चुप्पी
बहुत सर्द होती है
आधी रात में भी गूँजती है
चौकीदार की सीटी की तरह
जो हमारी नींद में भी
देती है पहरा
हमारे ख्वाबों का!

वर्तमान, अतीत का ही प्रतिफल होता है!

सभी जलाशय सूखकर
जब गहरे गड्ढों में परिवर्तित हो जाएँगे
दरक जाएगी समूची धरती
दरारों से झाँकेगा गहन अँधेरा

ओ, वर्णाश्रम के किलेदार
उस वक्त खोजते फिरोगे
उस काले-कलूटे, दरिद्र
प्रताड़ित मानव को
जिसे दुत्कार कर खड़ा कर दिया बाहर
तुम्हारे पुरखों ने

बंजर खेतों से उठती लपटों से
सिहर उठेंगे देवता
मृत्यु के विकराल जबड़ों में फँसी
संस्कृति की तमाम आत्मवंचनाएँ
सिसक-सिसककर
दुहराएँगी अतीत की
कुटिल आत्मघाती उक्तियाँ

वर्तमान,
अतीत का ही प्रतिफल होता है!

रिश्ते इतने कमजोर क्यों होते हैं?

रिश्ते बनते हैं
तो पेड़ पर हरी पत्तियाँ गमक उठती हैं
रास्तों में बिखर जाती है खुशबू

रिश्ते टूटते हैं
तो खबर हो जाती है पेड़ को
चिड़िया उड़ जाती है
घोंसलों में उदासी छोड़कर

बच्चे पूछते हैं
घोंसले खाली क्यों हैं
कहाँ गई चिड़िया?

शब्द परिभाषित नहीं होते
पंखों की तरह
लहराते हैं हवा में
जमीन पर आने से पहले

आखिर रिश्ते इतने कमजोर क्यों होते हैं?

कद

जिस रास्ते चलकर तुम पहुँचे हो
इस धरती पर
उसी रास्ते चलकर आया मैं भी
फिर तुम्हारा कद
इतना ऊँचा
कि आसमान भी छू लेते हो
तुम आसानी से
और मेरा कद इतना छोटा
कि मैं छू नहीं सकता
जमीन भी!

वे भूखे हैं

वे भूखे हैं
पर आदमी का मांस नहीं खाते
प्यासे हैं
पर लहू नहीं पीते
नंगे हैं
पर दूसरों को नंगा नहीं करते
उनके सिर पर
छत नहीं है
पर दूसरों के लिए
छत बनाते हैं।

जाति

स्वीकार्य नहीं मुझे
जाना,
मृत्यु के बाद
तुम्हारे स्वर्ग में।
वहाँ भी तुम
पहचानोगे मुझे
मेरी जाति से ही!

बस्स! बहुत हो चुका

जब भी देखता हूँ मैं
झाड़ू या गन्दगी से भरी बाल्टी-कनस्तर
किसी हाथ में
मेरी रगों में
दहकने लगते हैं
यातनाओं के कई हजार वर्ष एक साथ
जो फैले हैं इस धरती पर
ठंडे रेतकणों की तरह।

मेरी हथेलियाँ भीग-भीग जाती हैं
पसीने से
आँखों में उतर आता है
इतिहास का स्याहपन
अपनी आत्मघाती कुटिलताओं के साथ।

झाड़ू थामे हाथों की सरसराहट
साफ सुनाई पड़ती है भीड़ के बीच
बियाबान जंगल में सनसनाती हवा की तरह।

वे तमाम वर्ष
वृत्ताकार होकर घूमते हैं
करते हैं छलनी लगातार
उँगलियों और हथेलियों को
नस-नस में समा जाता है ठंडा-ताप।

गहरी पथरीली नदी में
असंख्य मूक पीड़ाएँ
कसमसा रही हैं
मुखर होने के लिए रोष से भरी हुई।

बस्स!
बहुत हो चुका
चुप रहना
निरर्थक पड़े पत्थर
अब काम आएँगे सन्तप्त जनों के!

वे नहीं जानते

हाथ में लिये झाड़ू
और टूटा-फूटा कनस्तर
सुबह मुँह अँधेरे
घर से निकलती माँ को देखकर
कभी नहीं रोया बच्चा
डरा नहीं अकेले घर में
अँधेरे कोने से
या गली में गुर्राते कुत्ते से।

सूखे स्तन में
नहीं अकुलाती दूध की गंगा।

गली-मुहल्लों की गन्दगी ढोते-ढोते
भूल जाती है माँ
पीछे छोड़ आई दो मासूम आँखों को
जो टकटकी लगाए
देख रही हैं राह
उसके लौट आने की।

शहर की खूबसूरत वादियों में
धब्बों की तरह
किलबिलाते हैं हजारों माँ-बेटे
जिनकी पीड़ा का उच्छ्वास
बन्दूक की गोली से निकलते धुएँ में
डूबी चीख-सा
निस्पृह मुद्रा में

बेबस पड़ा है
गन्दे नाले के किनारे।

शहर लगातार
अपनी ऊँचाइयाँ नाप रहा है
काली सपाट सड़कों पर
चमचमाती गाड़ियाँ तीव्र गति से
दौड़ रही हैं।

इन्द्रेश नगर, चुक्खुवाला
छबील बाग, चन्दन नगर
डी.एल. रोड,
बसे असंख्य माँ-बेटे
बेखबर हैं दुनिया की गति से।

बेखबर हैं
गली में चिपके पोस्टर से।

पोस्टर : जिसे बनना चाहिए था
चेतना का संवाहक
हो गए हैं
बताने में असमर्थ
कि माँ-बेटे दोनों
किसी एक बिन्दु पर
एक जैसे क्यों हैं
ध्रुव तारे की तरह अडिग
जहाँ समय की सभी सीमाएँ
बौनी हो गई हैं।

माँ-बेटे को नहीं पता
इन्द्रेश नगर में
मकान इतने छोटे और सँकरे क्यों हैं
क्यों है इतना अन्तर
छबील बाग के गन्धयाते मकानों

और नया डालनवाला की आलीशान कोठियों में।

पलटन बाजार की जगमगाती
रोशनी में
क्यों रामकली की बिटिया
डरी-डरी-सी खरीदती है
माथे की टिकुली और लिपस्टिक।

शहर के बीचों-बीच
सड़क के किनारे
खड़े दो बिजली के खम्भे
और उनके बीच में
थकी-हारी हाथ-गाड़ी
रात होते ही
क्यों झोंपड़ी में बदल जाती है।

वे नहीं जानते,
दून स्कूल और नगर पालिका के विद्यालय
एक-जैसे क्यों नहीं हैं
गांधी इंटर कॉलेज की कक्षाओं में
टूटा-फूटा फर्नीचर
और हवा में झूलता बिजली का लट्टू
किस शिक्षा-प्रणाली का प्रतीक है।

शायद यह शहर
ये सब बताने में असमर्थ है
इसीलिए तो,
माँ-बेटे की भाषा में संवादहीनता है,
सिर्फ एक खुरदरा स्पर्श है
जो आशा की किरण जगाता है
जिन्दगी की जिजीविषा में।

वरना इन्द्रेश नगर
चुक्खुवाले की तंग

आड़ी-तिरछी,
ऊँची-नीची गलियों में
दम तोड़ता लोकतंत्र
समूचे कोलाहल को लीलकर
समवेत स्वर में
चीखने नहीं देता।

रिस्पना और बिन्दाल का सूखा
पथरीला पाट
समय की गवाही देना भूल चुका है।

माँ-बेटे
दोनों ही अभिशप्त और पराजित हैं
दोनों की आँखों में
उभरते हैं कुछ सवाल
जो उसी क्षण मर जाते हैं
खामोशी के साथ।

सवाल : जिन्हें होना चाहिए था
इस सदी का ज्वालामुखी,
खड़ा होना चाहिए था
रक्त-रंजित सड़कों पर
बेबसी और कायरता की जंजीरें तोड़कर।

कितनी सहन शक्ति!
कितना धैर्य!
युगों-युगों से दारिद्र्य की विभीषिका में
गुम होती पीढ़ियाँ
मटमैले धुएँ में
अपनी हथेलियों पर सिर टिकाए
बैठी हैं।

बस, फर्क है यदि कुछ तो इतना
कि उनके श्रम का मूल्य

शहर बढ़ती ऊँचाई के साथ
घट रहा है
गिन रहा है साँसें
कन्धों से तलवों तक
फिसलता पसीना
तंग गलियों में।

इसीलिए तो,
सुबह घर से निकलती माँ
और शाम को निढाल-थकी
अँधेरे में घर लौटती स्त्री
एक-सी दिखाई पड़ती है।

शहर में डुग्गी पिटती है
पूरे देश की तरह
यहाँ भी लोकतंत्र है
जिसमें सभी को जीने का पूरा हक है
यह अलग बात है
कुछ लोग पैदा होते ही लखपति हैं
और कुछ तमाम उम्र नहीं देख पाते
एक हजार रुपये एक साथ।

शहर की सड़कें
धीरे-धीरे गलियों में तब्दील हो रही हैं
और गलियाँ पगडंडियों में
जिन्हें वहशीयत के पाँव तले
रौंद दिया जाएगा
खतरनाक इरादों के साथ।

उस वक्त,
माँ-बेटे की चीखें
ठंडे चूल्हे में
दुबककर बैठ जाएँगी,

और शहर का लोकतंत्र
राजधानी जाकर
गणतंत्र दिवस पर
जश्न मना रहा होगा।

कितना खोखला है
यह सब!
और कितना घृणित भी!

जब हरियाली आँखों में चुभने लगे
साँझ होते ही,
गन्दे नाले में, बहते पानी से
दुर्गन्ध उठकर
दरवाजों पर दस्तक देने लगे
माँगने लगे
माँ-बेटे से बचा-खुचा रक्त भी!

रक्त : जिसे फूट पड़ना चाहिए था
विस्फोट की तरह
चारों ओर फैलते
जहरीले धुएँ के खिलाफ
और,
जिसकी समूची ऊष्मा सोखकर
यह शहर जोंक की तरह फूल रहा है।

चारों ओर से घेराबन्दी करके
रोक रखा है आदमी को
और फिर किसी रोज अचानक
निकाल दिया जाएगा
उसकी भाषा से
आजादी का अर्थ
भुला दिया जाएगा
जिन्दा और मुर्दा लाशों का अन्तर।
इतिहास खामोश है

खामोश है
पहाड़ों से टकराती ताजा हवाएँ भी
जो इन बस्तियों से निकल जाती हैं
चुपके-चुपके
किसी अभिजात्य नेता की तरह।

फैला हुआ है
चारों ओर साँवला धुआँ।

धुआँ : जिसकी छाया में
माँ-बेटे
अपने जिस्म का मांस-मज्जा
मेरुदंड
आग में झोंककर धुँधया रहे हैं
चूने-भट्ठों की शक्ल में।

वंशज

दीवार बनकर खड़े हैं दुख
चुभते हैं विषैले शूल की तरह
रिसता है लहू जल प्रपात-सा
थकी-हारी देह से।

'नियति' के बहाने
अच्छा प्रपंच रचा है तुमने
जख्मों से पटे चेहरे
अब पहचाने नहीं जाते।

अरे,
अब तो मान लो
किस सभ्यता के वंशज हो तुम!

भय

तुम्हारे हाथ बढ़े होते
मेरी ओर
प्रेम गन्ध का स्पर्श लेकर
सच कहता हूँ
मैं सीने से नहीं
लिपट जाता तुम्हारे कदमों से
बिछ जाता
धूल बनकर जमीन पर।

बिछा तो अब भी हूँ—

प्रेम की आसक्ति पर नहीं
तुम्हारे खूनी पंजों से डरकर!

अच्छे लगते हैं

अच्छी लगती है चिड़िया
और उसका चहचहाना
उससे भी ज्यादा अच्छा लगता है
बच्चों का खिलंदडपन
और उनकी शरारतें।

आकर्षित करती हैं नदियाँ
उनका बहता पानी
उससे भी ज्यादा खींचता है अपनी ओर
चप्पू चलाता मल्लाह
उसके जिस्म से टपकता पसीना।

अच्छे लगते हैं पहाड़
और बर्फ से ढकी चोटियाँ
उससे भी ज्यादा अच्छे लगते हैं
स्याह परछाईं गहरी होने से पहले
घर लौटते,
थके-माँदे पहाड़वासी
और उनके खच्चर
हो जाते हैं पाँव
जिनके सख्त
ढोते हुए पहाड़ की पगडंडियाँ।

अच्छा लगता है समन्दर
उमड़-घुमड़कर बरसते बादल
उससे भी ज्यादा अच्छे लगते हैं

वे लोग जो खटते हैं रात-दिन
खेतों में
मौसम से लड़ते हुए।

अच्छे लगते हैं पेड़
और उनका हरापन
उससे भी ज्यादा अच्छे लगते हैं
हँसते-खिलखिलाते वे लोग
जो नफरत नहीं करते
आदमी से
सपने में भी!

वसन्त को मरे तो युग बीत गए

शब्दों की मानुष गन्ध से
ऐतराज है उन्हें
छिल जाती है उनकी नर्म चमड़ी
खुरदरी छुअन से।

शब्दों के गुमसुम तरीके
उन्हें पसन्द हैं
जो चुपचाप धँस जाते हैं
खूबसूरत गलीचों में।

भद्र जनों की शालीनता पर
मुखर होते शब्द
उन्हें डराते हैं
वे शब्द जो नहीं मानते
अतीत की हर एक विडम्बना को
उच्च आदर्श

वे चाहते हैं—
शब्द बन जाए तितली।

शब्द जानता है—
तितली बन जाने के बाद
क्या होगा!

वसन्त को मरे तो
युग बीत गया है!

शब्द साथ नहीं देते

बहुत चाहा लिखना कविता
आदमी के दुखों पर
जो ठिठुरता है सर्दियों में
मरता है लू के थपेड़ों से
डूबता है बाढ़ में।

शब्द साथ नहीं देते!

शास्त्र चुप्पी साधकर
बैठे हैं
फटे कम्बल
और सर्द मौसम के रिश्ते पर।

बूढ़ी, थकी-हारी उँगलियाँ
टटोलती हैं अँधेरे में
माचिस
धुँधली आँखों से।

शब्द असमर्थ हैं
असहाय भी
जो नहीं बन पाते कविता
न माचिस ही
बूढ़ी लाचार उँगलियों की।

बहुत चाहा लिखना कविता
शब्द साथ नहीं देते।

शख्सियत की पहचान

लौहद्वार करते हुए पार
ठिठक जाते हैं
हर रोज कदम।

उतर जाती हैं रक्त शिराओं में
खाकी वर्दी की नजरें,
टटोलने लगते हैं परिचय-पत्र
स्वचालित हाथ
कन्धे पर लटके बैग में।

लौहद्वार के उस पार
आकृतिविहीन मटमैली लकीरें
चिपकी हैं बदरंग दीवार पर
बारिश का अक्स बनकर
जो भरसक प्रयासों के बाद भी
छिपा नहीं पातीं अपनी विद्रूपता
उभर आती हैं बार-बार
हर मौसम के बाद।

खामोश खड़ा है बॉटल पाम
सुनता है सरगोशियाँ
पास से गुजरते कदमों की
साक्षी बनकर
बदलते मौसम का।

बॉटल पाम चुप है
मुँह नहीं खोलता
मौसम की बेहयाई के खिलाफ़।

पंख फड़फड़ाकर उड़ती है चिड़िया
करती है आह्वान—
'क्या फायदा ऐसे जीने का
पेड़, कुछ तो बोलो!'

पेड़ चुप है।

कागज का टुकड़ा
लहराकर हवा में
गुजरता है कई हाथों से
परिचय-पत्र बनने से पहले
फिर भी,
नहीं बन पाता
पहचान
हमारी शख्सियत की!

मेरे पुरखे

तुमने कहा—
ब्रह्मा के पाँव से जन्मे शूद्र
और सिर से ब्राह्मण
उन्होंने पलट कर नहीं पूछा—
ब्रह्मा कहाँ से जन्मा?

तुमने कहा—
सेवा ही धर्म है शूद्र का
उन्होंने नहीं पूछा—
बदले में क्या दोगे?

तुम खुश थे—
गुलाम पाकर।

वे भी खुश थे
तुम्हारी खुशी देखकर
सौंपकर अपनी तमाम शक्ति
तुम्हारे हाथों में।

तन पर कपड़े नहीं
पेट में अन्न नहीं
जख्म इतने फिर भी
वे हँसते थे
तुम्हें हँसता देखकर

वे नहीं जानते थे
कवायद करना
लूटना—
निर्बल और असहाय को!

नहीं जानते थे
हत्या करना
वीरता की पहचान है
लूट-खसोट अपराध नहीं
संस्कृति है।

कितने मासूम थे वे
मेरे पुरखे
जो इनसान थे
लेकिन अछूत थे!

सत्य की परिभाषा

यातनाओं और साजिशों की
विषैली धुन्ध
फेफड़ों में समेटकर भी
बचे रह गए
सदियों के अवसाद
दुक्ख और सन्ताप।

कुछ साल
कुछ महीने
या कुछ दिन ही सही
संग-साथ रहकर देखो
क्या होता है
जिन्दगी का सत्य।

तभी बता पाओगे सही-सही
जो सत्य है
क्या वही शिव है
और सुन्दर भी।

नर्म त्वचा
नहीं सह पाएगी ज्यादा देर
मक्खियों का भिनभिनाना।

सुअरों की गन्ध
और नालियों में बहती बदबू
जब घुसने लगेगी नासिक रन्ध्रों में

इनकार कर देंगे फेफड़े
साँस लेने से।

अभिजात्यता पर पड़ जाएँगे छींटे
भदेस भाषा के
जिससे बचने के
खोज रखे हैं तुमने
अनेक रास्ते।

तंग गलियों के अँधेरे
भुला देंगे
पवित्र ऋचाओं का पाठ
श्लोक और मन्त्रों का जाप,

सत्य की अनेक परिभाषाएँ
बन्द हैं तुम्हारी पुस्तकों में
अनेक व्याख्याएँ दर्ज हैं
मस्तिष्क के कोष्ठकों में।

कैद कर रखा है तुमने तहखानों में
संस्कृति को
मैं पूछता हूँ—
"संस्कृति क्या तुम्हारी रखैल है?"

वह दिन कब आएगा

मेरी माँ ने जने सब अछूत ही अछूत
तुम्हारी माँ ने सब बामन ही बामन।

कितने ताज्जुब की बात है
जबकि प्रजनन क्रिया एक ही जैसी है।

वह दिन कब आएगा
जब बामनी नहीं जनेगी बामन
चमारी नहीं जनेगी चमार
भंगिन भी नहीं जनेगी भंगी।

तब नहीं चुभेंगे
जातीय हीनता के दंश।

नहीं मारा जाएगा तपस्वी शम्बूक
नहीं कटेगा अंगूठा एकलव्य का
कर्ण होगा नायक
राम सत्ता-लोलुप हत्यारा।

क्या ऐसे दिन कभी आएँगे?

लेखा-जोखा

पसीना मिश्रित जल से
उगाईं फसलें
लगाए पेड़
पल भर ठिठक कर
जानना चाहा धूप का रंग

न फसल ही अपनी हो सकी
न पेड़ ही

तपती दुपहर में
रजबाहे की नालियों में
बहते गंगाजल से
बुझाई प्यास अनेक बार
बिना हिसाब किये—
कितनी रेत समाई पेट में
कितना पानी बदला लहू में
फिर भी,
न गंगा ही अपनी हो सकी
न रजबाहे की रेत ही

शिवालय के दरवाजे से दूर
खड़े होकर माँगी मन्नतें
सही दुत्कार बामन की
यह सोचकर—
कभी तो खुलेगा दरवाजा
अपने लिए भी

भीतर सोया देवता
जागेगा किसी रोज
पी जाएगा समूचा विष
बाहर आकर

न दरवाजा ही खुला कभी
न देवता ही अपना हो सका

बालिग होते ही
नाम लिखाया मत-सूची में
कागज का मोहर लगा टुकड़ा
हर बार डाला मत पेटी में
इस उम्मीद में—
कोई और नहीं
लोकतंत्र तो अपना होगा

गोपनीयता की शपथ में
रची गईं साजिशें
खाकी वर्दी की मन्त्रणा में
मरी-दबी इच्छाओं के सायरन-सी
गूँजती-आवाजें
लूट-खसोट
मारा-मारी
पालों की अदला-बदली
संसद के गलियारों का
अधमरा लोकतंत्र भी
न अपना हो सका
न जगा सका
विश्वास ही!

अस्थि-विसर्जन

जब भी चाहा छूना
मन्दिर के गर्भ-गृह में
किसी पत्थर को/ या उकेरे गए भित्ति-चित्रों को
हर बार कसमसाया हथौड़े का एहसास
हथेली में
जाग उठीं उँगलियों के उद्गम पर
उभरी गाँठें

जब भी नहाने गए गंगा
हरकी पौड़ी
हर बार लगा जैसे लगा रहे हैं डुबकी
बरसाती नाले में
जहाँ तेज धारा के नीचे
रेत नहीं
रपटीले पत्थर हैं
जो पाँव टिकने नहीं देते

मुश्किल होता है
टिके रहना धारा के विरुद्ध
जैसे खड़ा रहना दहकते अंगारों पर

पाँव तले आ जाती हैं
मुर्दों की हड्डियाँ
जो बिखरी पड़ी हैं पत्थरों के इर्द-गिर्द
गहरे तल में—

ये हड्डियाँ जो लड़ी थीं कभी
हवा और भाषा से
संस्कारों और व्यवहारों से
और, फिर एक दिन
बहा दी गईं गंगा में
पंडे की अस्पष्ट बुदबुदाहट के साथ
(कुछ लोग इस बुदबुदाहट को संस्कृत कहते हैं)

ये अस्थियाँ धारा के नीचे लेटे-लेटे
सहलाती हैं तलवों को
खौफनाक तरीके से

इसलिए तय कर लिया मैंने
नहीं नहाऊँगा ऐसी किसी गंगा में
जहाँ पंडे की गिद्ध-नजरें गड़ी हों
अस्थियों के बीच रखे सिक्कों
और दक्षिणा के रुपयों पर
विसर्जन से पहले ही
झपट्टा मारने के लिए बाज की तरह!

आईना

वे पसन्द नहीं करते
'जाति' पर बात करना
क्योंकि वे नहीं हैं
पासी-चमार
भंगी-महार
जबकि वे हर रोज करते हैं
इस्तेमाल
इन जातियों को गाली की तरह

कड़ी मशक्कत और तू-तू, मैं-मैं के बाद
मैंने जुटाया है एक आईना

जिसमें उभरता है बिम्ब
जो उन्हें लगता है बीभत्स
प्रतिशोध से भरा हुआ

जितनी बार भी देखते हैं वे
उतनी ही बार हो जाता है
उनका चेहरा विद्रूप
अमानुषिक दर्प से भरा हुआ

वे फुसफुसाते हैं—
दार्शनिक मुद्रा में
क्रान्ति बोध

और जनतंत्र बोध
खो देते हैं अपना अर्थ

लहूलुहान हैं स्मृतियाँ
जंग लगी बाड़ की खरोंचों से

आम्बेडकर की आदमकद मूर्ति के पास
बैठा मोची चीखता है ऊँची आवाज में
'किस हरामजादे की देन है यह जाति'

आईना धुँधलाने लगा है
जिसे कमीज से पोंछ कर
खड़ा हूँ चौराहे पर
जहाँ से गुजरा है अभी-अभी
एक जुलूस
जिसमें शामिल थे
बिन चेहरों के लोग
जिनके हाथों में चमक रही थीं
तलवारें, त्रिशूल और तमंचे

उनके पीछे चल रहा था एक ट्रक
जिस पर लिखा था—
'इसमें आर.डी.एक्स. भरा है'

इस खूँखार समय में
आर.डी.एक्स. की जगह
हो सकती हैं मूर्तियाँ
जो आस्था के प्रश्न पर
कर दी जाएँगी फिट
अवैध जगहों पर
खून-खराबे के लिए किसी तर्क की
आवश्यकता नहीं होती है

मेरी रक्त शिराओं में
हर रोज घुल रही है दहशत
फिर भी,
मैं बार-बार जोड़ता हूँ
विखंडित शब्दों को
चिंदी-चिंदी उस चदरिया की तरह
जिसे ओढ़कर
कभी निकला था कबीर
बनारस की गलियों में!

जूता

हिकारत भरे शब्द चुभते हैं
त्वचा में
सुई की नोक की तरह
जब वे कहते हैं
साथ चलना है तो कदम बढ़ाओ
जल्दी-जल्दी
जबकि
मेरे लिए कदम बढ़ाना
पहाड़ पर चढ़ने जैसा है
मेरे पाँव जख्मी हैं
और जूता काट रहा है

वे फिर कहते हैं
साथ चलना है तो कदम बढ़ाओ
मेरे पीछे-पीछे आओ

मैं कहता हूँ
पाँव में तकलीफ है
चलना दुश्वार है
मेरे लिए
जूता काट रहा है

वे चीखते हैं
भाड़ में जाओ
तुम और तुम्हारा जूता
मैं कहना चाहता हूँ

मैं भाड़ में नहीं
नरक में जीता हूँ
पल-पल मरता हूँ
जूता मुझे काटता है
उसका दर्द भी मैं ही जानता हूँ
तुम्हारी महानता मेरे लिए स्याह अँधेरा है

वे चमचमाती नक्काशीदार छड़ी से
धकियाकर मुझे
आगे बढ़ जाते हैं
उनका रौद्र रूप—
सौम्यता के आवरण में लिपटकर
दार्शनिक मुद्रा में बदल जाता है
और मेरा आर्तनाद
सिसकियों में

मैं जानता हूँ
मेरा दर्द तुम्हारे लिए चींटी जैसा
और तुम्हारा अपना दर्द पहाड़ जैसा
इसीलिए
मेरे और तुम्हारे बीच
एक लम्बा फासला है
जिसे लम्बाई से नहीं
समय से नापा जाएगा।

जो मेरा कभी नहीं हुआ

जन्म के समय
सब कुछ वैसा ही नहीं था
जैसा मैंने चाहा था
बड़ा होने पर

घर था
छत नहीं थी
खटिया थी
बिस्तर नहीं था

लीपा-पुता चूल्हा था
जो बदलता रहता था
अपनी जगह
मौसम के साथ

स्कूल था
जहाँ भरी जाती थी नस-नस में
जातीय हीनता
शब्दों की घुट्टी में घोलकर

नौकरी है
जहाँ पीछा करती नजरें
करने लगी हैं खड़ा कठघरे में

यकीनन
बहुत मुश्किल है समय

जब चलना है
आगे-पीछे
दाएँ-बाएँ
ऊपर-नीचे
अपने आपको बचाकर

जुटानी है रोटी
सीधे चलते हुए
बिना किसी शिकवे-शिकायत
और कातर गुहार के

सब कुछ था
मेरे जन्म से पहले भी
और जन्म के बाद भी

लेकिन मैं
उसे अपने पक्ष में
कर लेने में रहा असमर्थ ही

मेरी इस असमर्थता में
बहुत बड़ा हाथ था
मेरे धर्म का
जो मुझे बाँध कर तो चाहता है
रखना
लेकिन वह मेरा
कभी नहीं हुआ!

जाति

देखे हैं यहाँ हर रोज
अलग-अलग चेहरे
रंग-रूप में अलग
बोली-बानी में अलग
नहीं पहचानी जा सकती
उनकी जाति
बिना पूछे!

मैदान में होगा जब जलसा
आदमी से जुड़कर आदमी
जुटेगी भीड़
तब कौन बता पाएगा
भीड़ की जाति

भीड़ की जाति पूछना
वैसा ही है
जैसे नदी के बहाव को रोकना
समन्दर में जाने से

'जाति' आदिम सभ्यता का
नुकीला औजार है
जो सड़क चलते आदमी को
कर देता है छलनी
एक तुम हो
जो अभी तक चिपके हो जाति से

न जाने किस...ने
तुम्हारे गले में
डाल दिया है जाति का फंदा
जो न तुम्हें जीने देता है
न हमें

लुटेरे लूटकर जा चुके हैं
कुछ लूटने की तैयारी में हैं
मैं पूछता हूँ
क्या उनकी 'जाति' तुमसे ऊँची है?

किष्किंधा

हजारों वर्ष का अँधेरा
छिपा बैठा है मेरी साँसों में
काँपता है दीये की लौ-सा
और तब्दील हो जाता है कविता में

जब तुम मुस्कुराते हो ताली बजाकर
मुझे याद आती है
बालि की गुफा और उसका क्रोध

बालि : जो मारने गया था राक्षस
गुफा के भीतर
द्वार पर खड़ा करके सुग्रीव को

बहता लहू देखकर
कर दिया था बन्द गुफा-द्वार
सुग्रीव ने
फँसाकर बड़ा-सा पत्थर
और हथिया ली थी सत्ता

किष्किंधा रोई थी उस रोज
जार-जार
अँधेरे में मुँह छिपाकर

जूझना पड़ा था बालि को
बाहर आने के लिए

हटाना पड़ा था पत्थर
जो अवरोधक था उजाले का

बालि हैरान था
किष्किंधा पहुँच कर
सुग्रीव बैठा था उसकी जगह
अधिकारी की मुद्रा में

मेरे अन्तस की गुफा में
बन्द पड़े हैं असंख्य बालि
जो बाहर आएँगे किसी दिन
अवरोधक हटाकर

बालि जागेगा
तो काँपेगी किष्किंधा
जहाँ द्वार पर खड़ा है अंगद
पालतू कुत्ता बनकर

मेरा अँधेरा तब्दील हो रहा है
कविताओं में
याद आ रही है मुझे
बालि की गुफा
और उसका क्रोध!

अँगूठे का निशान

इतिहास की परिधियों से बाहर
नहीं खड़े हुए अपनी इच्छा से

वृत्ताकार दायरे में भी
चक्कर नहीं काटे
चाँद-तारों के लिए

जोर-जबर की दहशत में
नहीं भटके शहर-दर-शहर

टुच्चे लोगों की ठगी ने
बदल दी चेहरों की रंगत

रात और दिन का फर्क भी नहीं जाना
साँसों में भरकर धूल के गुबार
जीये बरसों बरस
उसी तरह जैसे जीये पुरखे

इतिहास जानना
पहचानना
गढ़ना
नहीं सीख पाए
भूल गए पुरखों की वे तमाम स्मृतियाँ
जिन्हें रखना जरूरी था सहेजकर
भविष्य के अँधेरों के लिए

गोल घेरों से बाहर खेदेड़े गए
हम नहीं जानते
क्यों मटमैला है इतना
मौसम का रंग
धूप झुलसाती है क्यों
हमारी ही त्वचा

बहा ले जाती है बारिश
हमारे ही घर
क्यों मर जाते हैं ठंड में
बूढ़े माँ-बाप हमारे ही

थोड़ा-थोड़ा जानने लगा हूँ
टुच्चे लोगों की असलियत
कानफाड़ू शास्त्रीयता
और छद्म शब्द जाल का रहस्य

सच बोलने से नहीं रोक पाएँगे
अब शातिर देवता भी
फड़फड़ाएँगे इतिहास पृष्ठ
कहेंगे आओ, दर्ज कर दो
किसी भी पन्ने पर
अपने अँगूठे का निशान!

दीवार के उस पार

खुली सड़कों पर टहलते
आराम तलब लोग करने लगे हैं बहस
ऊँची आवाज में
चिल्लाने लगे हैं
यह निषिद्ध क्षेत्र है
जहाँ हमने लगाई है नेम प्लेट
अपने पुरखों की
दर्ज किया है इतिहास में जातीय गौरव

मत आने दो इस ओर
असभ्य, संस्कृति विहीन, विपथितों को

अतीत से बाहर आती क्रूर हँसी
किरकिराने लगी है आँखों में
चेहरों का ठंडापन
और पसीने से भीगी हथेलियाँ
भूल जाना चाहते हैं
पीठ पर रेंगती पीड़ा का एहसास

कागज पर उभरते अक्षर
करवट बदलने लगे हैं

भविष्य का अँधेरा
ठहाके मारकर हँसने की कोशिश में
विद्रूप हो उठा है
दीवार के उस पार उग आई है

काँटेदार बाड़
जिसे पार करने कई पीढ़ियाँ
जो जीना चाहती हैं
अपनी शर्तों पर
बिना डरे
साँप की केंचुल-सा हीनता बोध
उतार फेंका है
दीवार के उस पार
जहाँ सड़ रहा है
सदियों से जमा कूड़ा।

काले दिनों में

विनाशकारी साजिशों के निशान
मौजूद हैं
मेरे सीने और पीठ पर
दे रहे हैं गवाही
अतीत के स्याह दिनों की

शब्दों की कारीगरी से
छिपाओगे जितना
उघड़ेंगे और ज्यादा
दिखाई देगी तुम्हारी क्रूरता

तमाम कलाबाजियाँ जाएँगी व्यर्थ
नहीं ढक पाएँगी
अमावस्या-सी काली रातों को
भयानक शक्ल के देवता भी
नहीं बचा पाएँगे
तुम्हारा वजूद

मेरी आँखों में बसी दहशत
घृणा में बदल रही है
उन धर्म ग्रंथों के विरुद्ध
जो रास्ते में खड़े हैं
कँटीले झाड़-झंखाड़ की तरह
अवरोधक बनकर

गंदे-जर्जर पन्नों की इबारत

मैं नहीं पढ़ पाया
तुम्हारे पाँव की आहटें
पहचान लेता हूँ अच्छी तरह
अँधेरे में भी
तुम्हारे पदाघात सीने को दरकाते हैं
नहीं रहने देते सही सलामत
मेरुदंड भी
टीसता है दर्द पसलियों में
एक-एक शब्द का
जिसे रचा है तुमने
मेरे जिस्म पर काले दिनों में!

गोदामों में बन्द रोशनी

उसने रेत पर उँगली घुमाई
नदी, नाव, चप्पू साकार हो उठे
पत्थर पर छेनी चलाई
मूर्तियाँ बोलने लगीं
लोहे की फाल से
जमीन के सीने पर लकीर खींची
फसलें लहलहा उठीं

खुरदरे लहूलुहान हाथों से
जब-जब कोशिश की
आग जलाने की
गीली लकड़ी धुआँ बनकर
उतर गई आँखों में

खामोश चीखों का कोलाहल
सुलगता रहा इर्द-गिर्द

यातनाओं की बारिश में
भीग गया वर्तमान
सीलन भरा भविष्य
कौंधने लगा रक्त शिराओं में

इन सब के बावजूद
नहीं हुए वे हाथ पत्थर
उम्मीदों का स्पर्श
भ्रम के झुटपुटों से बाहर लाएगा

एक दिन
काले साये में लिपटी
सलाखों के पीछे खड़ी
गोदामों में बन्द रोशनी!

कोई खतरा नहीं

शहर की सड़कों पर
दौड़ती-भागती गाड़ियों के शोर में
सुनाई नहीं पड़ती
सिसकियों की अनुगूँज

पास से गुजरते हजारों लोग
ठिठकते हैं पलभर
खो जाते हैं भीड़ के समन्दर में

समन्दर : जिसके रेतीले तट पर
पड़ी सीपियाँ खाली हैं
लहरें भी नहीं टकरातीं किनारों से
हवाओं का शोर भी
गुजर जाता है खामोशी से
अजनबी की तरह

सभ्य लोग चिन्तित हैं
पेड़-पौधों और पशु-पक्षियों के लिए

पर्यावरण पर बोलना, सोचना
लिखना
कितना आसान है
कहीं कोई खतरा नहीं
न धर्म विरोधी होने का डर

न साम्प्रदायिकता का भय
डराने-धमकाने भी नहीं आएगा
कोई 'दल'
संस्कृति भी बची रह जाएगी।

खाली हाथ

बहुत कोशिश की
यह जानने की
आस-पास उठते धुएँ में
इतनी चुप्पी क्यों?
कभी खुद को अँधेरों में डुबोकर
कभी उजाले में आँखें खोलकर

हाथ खाली हैं
जैसे महीने के आखिरी दिनों में
रसोई में रखा
आटे का कनस्तर

सुबह आँख खुलते ही
अक्सर देखा सपनों की राख का ढेर
जिसमें उम्मीद करना
किसी चिंगारी की बेमानी है

मटमैली आस्तीन की गन्ध
साँसों में जलती है

सच को सच मान लेना
बहुत मुश्किल होता है!

दहलीज

दहलीज पार कर
हमेशा रहा हूँ तत्पर मैं
करने के लिए प्रवेश
तुम्हारे आँगन में

जिसे बना रखा है तुमने वर्जित
मेरे लिए सदियों से
साथ ही बाँध रखे हैं
पालतू कुत्ते दरवाजे पर
जो मुझे देखते ही
भौंकते नहीं हैं अब
सिर्फ फुसफुसाते हैं
सांकेतिक भाषा में
और तुम कर लेते हो बन्द
कपाट अपने

बहुत ढूँढ़ने पर भी
नहीं मिले ऐसे क्षण
बीती शताब्दियों में
जब मेरे और तुम्हारे बीच
कुछ ऐसा घटा हो
जिसे किया जा सके दर्ज
प्रेम की पोथियों में

बस, तुमने मान लिया
घृणा को ही सर्वोपरि

मैं तो चाहता हूँ
खुल जाये मेरा दरवाजा
तुम्हारी गली में
लेकिन
वहाँ भी बैठा रखे हैं तुमने
पहरेदार

जो लैस है
आग्नेय अस्त्रों से

पाते ही इशारा
कर देते हैं जख्मी
मेरे जिस्म को

इसके बावजूद मैं
चाहता हूँ पार करना
अपनी दहलीज।

कोलाहल

मेरे भीतर का कोलाहल
मशीनों के शोर में
और ज्यादा घना हो जाता है
झटकता है इधर-उधर
फिर-फिर लौट आता है
उलझे-उलझे शब्दों के साथ

मशीनों पर आकार ग्रहण करता लोहा
छिल-छिल कर गिरता है
गड़ता है अक्सर जूते, चप्पलों में
गर्म कतरनों की चुभन
महसूस होती है तलवों में

कारीगर की उँगलियों से
रिसते लहू को देखकर
मेरी बेचैनी
मशीनों की घरघराहट से मिलकर
ढलने लगती है शब्दों में एकाकार होकर

गूँगी चीखों में परत-दर-परत छिपी
दुखों की कहानी
रह जाती है अनसुनी

हृदय के स्पन्दन
घटते हैं
बढ़ते हैं

हर रोज एक-सी रफ्तार में
फिर भी
भीतर का शोर
कम नहीं होता!

हमलावर

अक्सर लगता है
जैसे चलती-फिरती भीड़
तब्दील हो गई है
कँटीले दरख़्तों में
जिनकी डगालों पर बैठे हैं
बड़े-बड़े पंखों वाले गिद्ध
जो टूट पड़ेंगे
किसी भी दिन
एक दूसरे पर

हवा में गूँजेंगे रक्त सने शब्द
टकराएँगे बन्द खिड़कियों से
प्रतिध्वनित होकर

बार-बार दोहराए गए शब्द
हो जाएँगे अनचीन्हे, अर्थहीन
या फिर खूँखार
परत-दर-परत
चढ़े होंगे कई-कई चेहरे एक साथ

आखिर अतीत की हताशा
और वर्तमान का बेचैनी
कभी न कभी होगी ही बेपर्दा

चीर डालेंगे हम अपने ही सीने
देखने के लिए

कितना रक्त लेते हैं धमनियों से
और कितना लौटाते हैं
रक्त शिराओं को
हृदय के स्पंदन

अपने-अपने पहाड़
नदियाँ, नाले, पोखर, बस्तियाँ
तलाशते-तलाशते
रह जाएँगे निपट अकेले
अपने ही दायरे में सिमटकर

चारों ओर खड़ी
भीड़ का दर्दनाक कोलाहल
सुनाई नहीं पड़ेगा
जंगली भेड़िये आ खड़े होंगे
किसी भी वक्त
हमलावर की शक्ल में!

विस्फोट

विस्फोटों की उत्तेजना में
उत्सव मनाते हाथ
खींच लाए हैं
भविष्य की आग में झुलसा
अँधेरे का रथ

युद्धोन्माद में
मुश्किल होता है
रास्ता ढूँढ़ पाना
बेमानी हो जाती है
सपनों की तलाश

पगडंडियों पर बिखरी किरिचें
कर देती हैं
लहूलुहान तलवों को

उल्लसित हैं चेहरे
जो दे रहे हैं देश निकाला
तथागत को

तथागत जानते हैं—
इस बार घर छोड़ा
तो लौटकर आना
सम्भव नहीं होगा।

सदी का आखिरी पहर

हम छू भी नहीं पाते
मैदान के बीच खींची रेखा
बज जाती है सीटी
खेल खत्म होने की
पारी शुरू होने से पहले ही

हमारी खामोशी गूँजती है
हमारे ही भीतर
आपातकालीन सायरन-सी

घुमड़ते हैं चक्रवात
दहकती हैं रातें
रिसता है लावा चुपचाप
ठंडे रक्त से

आँखों में भरी हीनता
हुंकारती है
फूट पड़ना चाहता है
आग का दरिया

टिमटिमाते बल्ब की रोशनी में
देख रहे हैं
सदी का आखिरी
कुहासे में लिपटा हुआ!

मौत का चेहरा

घूमना चाहता हूँ
भयरहित
देवताओं की बस्ती में

जहाँ हर जगह भीड़ लगाए
खड़े हैं देवता-पुत्र
चीख रहे हैं
आग्नेय भाषा में

हरे पेड़ सूखने लगे हैं
घट गई है संख्या चिड़ियों की
बादलों ने भी
बदल लिया है रास्ता
जलने लगी है त्वचा
सूरज की तपिश से

जब से दाखिल हुआ हूँ मैं
देवताओं की बस्ती में
बहुत तीव्रता से दौड़ने लगा है रक्त
मेरी धमनियों और शिराओं में

यह खतरनाक है
किसी भी क्षण
हो सकती है मौत

देवताओ!
कभी देखा है तुमने
मौत का चेहरा?

मकड़जाल

मैं जानता था
वे बुलाएँगे मुझे एक दिन

मैं गया था
निहत्था ही
उनके बुलावे पर

अपना डर तर्क में लपेटकर
झूठ बोल रहे थे वे
लगा रहे थे
आरोप मुझ पर

उनके शब्द कर रहे थे हमला
डरी-डरी आँखों से
कतरा रही थी उनकी नजर
मेरी नजर से

अपने पक्ष में मेरा बोलना
उन्हें गवारा नहीं था

उन्होंने बुन लिये थे
मकड़ी के महीन जाले
अपने ही इर्द-गिर्द

मैं जानता हूँ
उनका अन्त होगा

अपने ही बनाये जाल में
मकड़ी की तरह

उतारकर
फेंक दिया है मैंने
अपना डर!

एक और युद्ध

जब-जब भी तुम कोशिश करते हो
आदमी बनने की
वे चौकन्ने होकर
लग जाते हैं तैयारी में
एक और युद्ध की

सीधे खड़े होकर
आसमान की ओर ताकना
उन्हें गवारा नहीं

वे नहीं चाहते तुम वह सब करो
जो किया था निषेध तुम्हारे लिए
उनके पुरखों ने

वे हँसते हैं
तुम्हारे बोलने के ढंग पर

वे चिढ़ते हैं
तुम्हारे गुनगुनाने पर

वे सख्त नाराज हैं
तुम्हारी बेबाक अभिव्यक्ति पर

वे बेहद खुश हैं
उस आदमी से
जो खड़ा है सिर झुकाए

उनकी भीड़ में
जिसे जब चाहें
करते हैं इस्तेमाल
निर्जीव, जड़ पदार्थ की तरह

तुम्हारे बच्चों का नंगापन
उन्हें अश्लील नहीं लगता
बुरा भी नहीं लगता
तुम्हारी स्त्रियों के अंगों को
गाली की तरह प्रयोग करना

बुरा लगता है उन्हें
जब तुम उनकी गाली को
अपनी भाषा में
इस्तेमाल कर उछालते हो
पत्थर की तरह
उनकी ओर विरोध में
उनके साफ-सुथरे घरों में
तुम्हारा प्रवेश निषेध है

तुम्हारे चेहरों की खुशी में
उन्हें अपनी हार दीख पड़ती है
उनके जहरीले पंजे गड़ जाते हैं
तुम्हारे जिस्म में

नदी-नाले रक्त से भरे
सींचते हैं उनके खेत
दर्द से कराहती है धरती
हवा में नहीं गूँजता संगीत
बास आती है
लाशों के सड़ने की

जंगली भेड़िये पढ़ रहे हैं
धर्म शास्त्र

रच रहे हैं
निषेधात्मक नियम
उपनियम और धाराएँ
बदल रहे हैं अर्थ अपने अनुसार

ऐसे माहौल में
तुम जब भी करते हो कोशिश
आदमी बनने की

वे लग जाते हैं तैयारी में
एक और युद्ध की!

विपथित संघर्ष-यात्रा : एक

जब घर से चले थे
चेहरे पर नीली आभा थी
आकाश में चमकते नये सूर्य की
आँखों में पहाड़ी नदी का तीव्र प्रवाह
मार रहा था हिलोरें
साँसों में शोर था तूफानी हवाओं का
कानों में गूँज रही थी
पुरखों की दर्दनाक चीखें
नगाड़ों की तरह

हृदय में उठता था
हाहाकार

समय की परिधियों से बाहर
निकलकर
उमड़-घुमड़ करती थी
विश्वास में छले जाने की
सदियों पुरानी यातना
सुविधाओं की परछाईं में
छूटने लगा है सभी कुछ
फिसलने लगा है समय
मुट्ठी में बन्द रेत-सा

लहू में बसा हुआ
बर्बर संस्कृति का भय
बुना हुआ है मकड़ी के जाले-सा

इर्द-गिर्द
महीन अदृश्य धागों से
हौसला टूट रहा है

नया सोफा आने से पहले
आ गया है मखमली कालीन
ड्राइंग रूम में
जिस पर बैठाना चाहता हूँ
धुले-पुँछे जिस्म
साफ-सुथरे पाँव

स्मृतियाँ धुँधलाने लगी हैं
फीका पड़ रहा है नीला रंग
जिसने सिखाया था
अपने हक में लड़ने का तरीका
आदमी को देखना
आदमी की तरह

आने वाला समय
गहरा काला लबादा ओढ़कर
पसर गया है
उन बस्तियों में
जहाँ ताजा हवा प्रतिबन्धित है
इसके बावजूद मैं
सजाने लगा हूँ ड्राइंग रूम
उनके लिए
जो शामिल हैं
इस साजिश में!

विपथित संघर्ष-यात्रा : दो

मैं जाना चाहता हूँ दीक्षा भूमि
अदृश्य भय पीछा करता है
दिखाना चाहता हूँ परिवारजनो
सगे-सम्बन्धियों को
चैत्य भूमि

असमंजस में पड़ जाता हूँ
छिपा लेता हूँ खुद को
दिग्भ्रमित होकर
झूठ की आड़ में
घुन की तरह समा गया है भय
मेरी हड्डियों में

पत्नी रोपना चाहती है
गमले में तुलसी
मैं तिल-तिल मरने लगता हूँ
ढीली पड़ जाती हैं
मांसपेशियाँ

मेरी यह कोशिश
धोखा देगी मुझे
अँधेरे में खो जाएँगी
आने वाली पीढ़ियाँ
यह सब जानते हुए भी

मैंने स्थगित कर दी है
अपनी संघर्ष-यात्रा
भय ने घेर लिया है मुझे
चारों ओर से!

शब्द झूठ नहीं बोलते

फेंक दिये थे तुमने त्याज्य मानकर
जो शब्द
दहक रहे हैं
अंगारों की तरह
कूड़ेदान से बाहर निकलकर

राजसिंहासन के इर्द-गिर्द
लार टपकाते बहुरुपिये
ओढ़कर लकदक शब्दों का आवरण
खड़े हैं खिलाफ उनके
भीगे हैं जिस्म ज़िनके पसीने से
झुलस गए हैं चेहरे
आसमान से बरसती धूप से

जो न शब्दों को ओढ़ते हैं
न बिछाते हैं
सिर्फ इतना जानते हैं—
झूठ नहीं बोलते शब्द
दुर्दिनों में भी
पार कर लेते हैं
उफनती नदी की बाढ़
बिना किसी सहारे के भी

हजारों साल की यातना भूलकर
निकल आए हैं शब्द
कूड़ेदान से बाहर

खड़े हो गए हैं
उनके पक्ष में
जो फँसे हुए हैं अभी तक
अतीत के गहरे दलदल में!

सजा

नहीं मरे विनाशकारी युद्धपोतों से
न हवाई हमले में ही
हुए उनके जिस्म घायल

दंगों में भी
वे नहीं मारे गए

करार दिये गए
बागी की मौत भी
नहीं मिली उन्हें

वे रहे बेखबर
उस दुश्मन से
जिसकी सेवा-टहल में
खप गईं पीढ़ियाँ
बिक गई भूखी-नंगी
मर गई बेमौत
बेनाम
चिर-परिचित गलियों में

जन्म लेने भर की
इतनी बड़ी सजा
आखिर
कुछ तो सोचा होता!

अपरिचित

मिलते हैं हर रोज
साथ-साथ पढ़ते हैं अखबार
गुनगुनी धूप में पसरकर
करते हैं बातें
दुनिया जहान की

भावुकता भरे क्षणों में
करते हैं कोशिश
बाँट लेने की
अपने-अपने दुख
फिर भी रह जाता है बहुत कुछ
गोपनीय

भावुकता लोमड़ी में बदल जाती है

दूर हो जाते हैं
छिटककर
परस्पर गुँथे सूत्र
अलग-अलग छोर से गूँजती
प्रतिध्वनियाँ
करने लगती हैं भयभीत

धूप भी हमें बाँध नहीं पाती
डर धकेलता है
गहरी अँधेरी खोह में

जहाँ एक हाथ खो देता है विश्वास
दूसरे हाथ का

रोज मिलते हैं
फिर भी अपरिचित हैं
एक दूसरे से।

प्रतिबन्ध

मेरी जरूरतों में
सिर्फ एक जोड़ी जूता
कुछ कपड़े
दो वक्त की रोटी
सिर ढकने को छत ही नहीं
एक नदी भी है
जिसके रेतीले तट पर
पा सकूँ सुकून पल भर

पानी की तरलता
आँखों में भरकर
देख सकूँ निरभ्रता आकाश की

पेड़ भी है—
जिसकी छाँव मेरी हो
शाखाएँ पक्षियों की
पत्ते धरती के

इसके अलावा भी
बहुत कुछ है जो मेरी जरूरत है
मसलन खेत
रास्ते
धूप, रोशनी
कागज, कलम...
आस-पड़ोस...

मुझे डर है
मेरी जरूरतों का पता चलते ही
वे हथिया लेंगे
तमाम चीजें
कर देंगे प्रतिबन्धित
पेड़ की छाँव
बाँध देंगे नदी का जल
सुदृढ़ दीवारों से
लिख देंगे—
'चेतावनी'
दूर रहो
यह प्रतिबन्धित क्षेत्र है!

दहशत

रोशनी का कतरा
दुबक गया है छिटककर
किले की ओट में
जहाँ सीना ताने खड़ा है अँधेरा
मखमली लिबास में

और हम
अँधेरे में गूँजती चीत्कारों से
भयभीत अचकचाए
निर्जीव बोझ उठाए
खड़े हैं गुफा द्वार पर

बारिश में भीगती
हमारी त्वचा और रक्त शिराएँ
भूल जाती हैं
मौसम का एहसास

टीसता है युग

कुटिल ऐतिहासिक प्रपंच
छलते हैं
लाख चाहती है बोलना सच
धर्म ग्रंथों की संकीर्णताएँ
देखने नहीं देतीं

सुबह की रोशनी
जिसके लिए जोहते हैं बाट हम

पागलपन के दौर में
हर सुबह आती है
छतरी की तरह सिर पर ताने
परस्पर कलह
जो बदल रही है राष्ट्रीयता में

और अधिक सुदृढ़ हो गया है
अँधेरे का किला
तैनात है बन्दूकधारी द्वार पर।

गीली जमीन

सहस्त्रों सूर्य दहकते हैं
हथेलियों में
फूटती हैं नदियाँ
रोम-रोम से

कुंडली मारे बैठे हैं
अपराधी समूह
वहाँ
जहाँ-जहाँ
बोया है हमने अपना रक्त
असंख्य उम्मीदों के साथ
जमीन के उन तमाम हिस्सों को
दबोच लेते हैं वे
अपनी शालीनता की आड़ में
उनकी जिह्वा से निकलते शब्द
झरते हैं
जैसे मौसम के फूल
चमचमाती स्याह सड़कों पर
और फिर
होने लगते हैं तब्दील
दनदनाते पत्थरों में,
जब-जब कोशिश की हमने
अपनी इच्छाओं को
दर्ज करने की

जलने लगते हैं चौराहों पर
उत्तेजित अबोध जिस्म
जिनकी शिनाख्त करना भी
होता है मुश्किल

उनकी बाँहों पर खुदे होते हैं
संस्कृति के गोदने
और पीठ पर अतीत की प्रताड़ना
फिर भी खड़े हो जाते हैं वे
उसी जगह
जहाँ से नहीं पहुँचती
उम्मीदों की राख भी उनके लिए

कितने डरावने होते हैं वे दिन
और रात
जब चारों ओर गूँजती हैं सीटियाँ
रँगी होती हैं
अखबारों की सुर्खियाँ
लहू से

लहू : जिसे बोया है हमने
गीली जमीन में
पसीने का भेद भूलकर
अपनी अतृप्त इच्छाओं के साथ!

इन अपाहिज दिनों में भी

खोजना चाहा एक रास्ता
अपने लिए
उनके लिए
जो तरसते हैं जीवन भर
किसी पगडंडी के लिए
जहाँ वे बचा सकें
अपने तलवों को जख्मी होने से

अँधेरी खोह में
रास्ता ढूँढ़ने की कोशिश
कर देती है लहूलुहान
टीसता है पोर-पोर

आँखों में नाचती हैं
बारिश की बूँदें
हथेली पर थिरकते हैं
रेतीले भँवर
धुँधला जाती है
आँखों की रोशनी
अधपके मोतियाबिन्द से

घूम-फिरकर
खुद को पाते हैं वहीं
जहाँ से चले थे
आशा-निराशाओं के बीच
खुलने नहीं देते

आकांक्षाओं के दरवाजे
अँधेरी गलियों के मुहाने

खंडित यात्रओं से लौट-लौटकर
बचाते हुए
अपना हौसला और विश्वास
खड़े होना है
मौसम के खिलाफ
इन अपाहिज दिनों में भी!

जहर

मेरे इर्द-गिर्द एक भीड़ है
जिसमें चेहरे हैं
धूप से झुलसे हुए

जिनकी हथेलियों में
पड़ गई हैं गाँठें
जबान पर चिपकी है दहशत
फिर भी
देखते हैं सपना
रात-दिन
जिन्दा रहने का

उनके भीतर भरा है जहर
जिसे बचाकर रखा है
उन दिनों के लिए
जब मना कर देंगी
रक्त वाहिनियाँ
जुनून ढोने से
गर्म उबाल का

तब उस जहर को
रक्त शिराओं में उड़ेलकर
भूल जाएँगे वे
धूप से झुलसी

त्वचा का रंग
हथेलियों में उभरी गाँठों का दर्द

बाहर कर देंगे
शब्दकोश से
धर्म सूत्रों की साजिशें
महान ग्रंथों में रची घृणाएँ

जानना चाहेंगे वे
जीवन के तमाम स्वाद
जो कभी नहीं आए
हिस्से में उनके
हजारों साल से!

श्रेष्ठ

हिकारत से पूछा उसने
मेरा नाम
मेरी जाति
मैं गड़ गया जमीन में
हीनता बोध से

एक रोज मैंने भी
जुटाई हिम्मत
और पूछ लिया उससे
वही सवाल
देखा उसने मेरी ओर
बोला, 'मैं जन्मा हूँ ब्रह्मा के मुख से'
इसीलिए श्रेष्ठ हूँ

ताज्जुब है!

मनुष्य का जन्म तो होता है
सिर्फ माँ के गर्भ से
फिर आप कैसे पैदा हो गए
ब्रह्मा के मुख से?

लावा

भीतर एक बेचैनी है
धूप-सी दहकती हुई
जिसे मैं दुख कहना भी चाहूँ
तो भी कह नहीं पाता हूँ

दुख तो पुरानी बँधी किताबों-सा
बन्द पड़ा है
एक कोने में

जड़ से उखड़कर जब गिरता है
कोई पेड़ बिना आहट के
तब और ज्यादा बढ़ जाती है
मेरी बेचैनी

रोशनी का होना
या न होना
कोई मायने नहीं रखता
जब भुला चुके होते हैं देखना
चीजों को
उनके उसी रूप में
जैसे वे जन्मी थीं

बौद्धिक परिष्कृत भाषा में
समझाते हैं कुछ लोग
मेरे होने या न होने का अर्थ

देखते हैं सन्देह से
मेरी हर एक हरकत को
सूक्ष्मदर्शी यंत्र से

मैं बेचैन हूँ
क्यों नहीं उगता ज्वालामुखी
मेरी हथेली पर
क्यों नहीं फूट पड़ता
उबलता लावा मेरे सीने से

हर रोज लड़ना पड़ता है
निहत्थे ही गुप-चुप युद्धों से!

कथावाचक

बहुत कोशिशों के बाद भी
नहीं सुना सका मैं
गाँव-देहात के किस्से
कथावाचक की तरह

हालाँकि
अभी भी जिन्दा है
मेरा देहातीपन
खुदा हुआ है
रेशे-रेशे पर
गाँव-देहात का आड़ा-तिरछा
ऊबड़-खाबड़ नक्शा
मटमैली लकीरों में

जिन्हें कुरेदते हुए
बार-बार जख्मी होता हूँ
अपने ही नाखूनों से

करता हूँ कोशिश
भूल जाने की
जंग खाए दिनों की
बीभत्स यादों की
जो शूल-सी गड़ी हैं सीने में

पसीना और लहू
दाहकता भूलकर

हो गए हैं रंगहीन

खेतों की पगडंडियाँ
खो जाती हैं
रजबाहे की पुलिया तक
पहुँचने से पहले ही

सूरज की तपिश
और आग की आँच
संग-साथ खेलती हैं
मेरे इर्द-गिर्द

सूखा भी लगता है दुख ही
दुर्दिनों में
जिनकी परछाईं पीछा करती है
महानगर की चौड़ी सड़कों पर भी

खेत-खलिहानों
कल-कारखानों
गाँव-शहरों में बहता लहू
नहीं बन सका अभी तक
ऐसी कविता
जो बता सके सही-सही
स्याह दिनों का रंग
सुना सके
आग में झुलसती बस्तियों की
दर्दनाक चीखें

डरा-डरा-सा मैं
खड़ा हूँ भीड़ के बीच
तिलकधारी और उसका सहयोगी
मार देता है डंक किसी भी क्षण
तक्षक बनकर
सोख लेता है रक्त

मेरी उँगलियों से

नहीं होता विश्वास
चकाचौंध कर देने वाले
उन असंख्य शब्दों पर
जो अटे पड़े हैं अलमारियों में
बड़े-बड़े पुस्तकालयों की

इसीलिए
माफ करना भाई,
नहीं सुना सकता मैं
किस्से
झूठ बोलकर
कथावाचक की तरह!

कमीज का टुकड़ा

वे आए थे माँगने
हमारी जर्जर कमीज का टुकड़ा

जिसे टाँग दिया उन्होंने
राजधानी के बीचोबीच
चौराहे पर

खड़ी कर दी थी
आदमकद मूर्ति
बदल दिया था
शहर का नाम

लगाए थे भव्य मेले
जिसमें भीड़ थी
हर चेहरे पर चढ़ा था
एक मुखौटा

घृणा से उपजे नारों की गूँज
कैमरों के शटर की सरसराहट
अलग-अलग मुद्रा में
मुस्कुराती तस्वीरें

आक्रोश भरी चीखें
महीन मुस्कान की गलबहियाँ
सत्ता के गलियारों की गुप-चुप मन्त्रणाएँ
सिरविहीन, बदमिजाज

थुल-थुल बीमार चेहरे
मुलाजिमों की पहरेदारी में
बदलती आकृतियाँ

शहर दर शहर
दंगों की खबरें
चौक पर लगी मूर्ति
जिसे कर दिया गया खंडित

समूचा शहर खो गया
कसैले धुएँ की परत में
रोशनी के इन्तजार में
हम ढूँढ़ते हैं
अपनी फटी कमीज का टुकड़ा
अखबार की सुर्खियों में
जिसे टाँग दिया था उन्होंने
राजधानी के चौराहे पर
झंडे की तरह!

स्याही से रँगे शब्द

मुश्किल था मेरे लिए
स्याही का रंग पहचानना
उन दिनों जब चारों ओर बिछे थे
नुकीले काँटे
खींची थी बाड़
तलवों से रिसता था लहू
चीख भी नहीं सकते थे
कितने अपाहिज थे
चीथड़ों में लिपटे दिन

अजनबी था मेरे लिए
पहचानना उस शब्द को
जो गूँज रहा था पूजा घरों में
और राजमहलों में

रास्तों के बन्द मुहानों पर
गुमसुम कोलाहल
टकराता था दीवारों से
दुष्कर था मेरे लिए साँस लेना

अपने ही हाथ पैर
नहीं थे अपने

और
फिर एक दिन जब
रोशनी चमकी

काली रातों और मटमैले दिनों में
फड़फड़ाने लगे जिस्म
पंख कटे कबूतर की तरह
रो पड़ीं उँगलियाँ
अतीत और वर्तमान की चौखट पर
बस,
उसी रोज कर दिया खारिज
उस सुनहरे रँगे शब्द को
जो लुढ़का पड़ा था
राजसिंहासन की गोद में
कर दिया घोषित उसे
जघन्य अपराधी!

इतिहास

मेरी स्मृतियों में
राक्षस नहीं
डरावने देवता हैं
जो चैन से
सोने नहीं देते मुझे

हर एक दिन
बलि चढ़ता है
देवताओं के थान पर
फूटती है रक्तधार
मेरी रक्त शिराओं से

फिर भी बचा है अभी तक
मेरा वजूद
टूटे-फूटे मिट्टी के बर्तनों की शक्ल में
जो दबे पड़े हैं
खँडहरों के नीचे
इतिहास बन कर

जितना खोदोगे
उतना गहरे पाओगे मुझे

जितना तोड़ोगे
ढहाओगे
जलाओगे
फिर भी बचा रह जाऊँगा

फैल जाऊँगा चारों ओर
हवा में उड़ती राख की तरह

राख बनेगी मिट्टी
मिट्टी से उपजेगा पौधा
पौधे से बनेगा पेड़

पेड़ की डगालें
जब हिलेंगी
भय से थरथराओगे तुम
दोहराओगे मन्त्र
फिर भी,
रह जाओगे निपट अकेले

असहाय, देवताविहीन!

असहमति

मैं भी चाहता हूँ
मेरे शब्द सहना सीख जाएँ
विश्वास में छले गए
हताश क्षणों की पीड़ा
भूल जाएँ पसीने और रक्त से भीगी पीठ पर
कोड़ों के निशान

भूल जाएँ
मरीचिकाओं में डूबी बेचैनी
बोझिल, उदास, यंत्रणाएँ
गर्दन पर कसी सख्त पकड़

निस्तब्ध नग्नता की
असहनीय बेड़ियों में जकड़े हाथ-पाँव
असत्य और कुतर्क के आध्यात्मिक जंगलों में
भटकती विषाक्त आत्माएँ
देवदार के ऊँचे और पतले दरख्तों की
घनी छायाएँ
अतृप्त धरती की हलकी करवटें
जो दस्तावेजों की तरह
लिखी हुई हैं ज़र्रे-ज़र्रे पर

जिनके अक्स करते हैं आतंकित
तोड़-मरोड़कर फेंक देती हैं
समूची नस्लों को
घुटी-घुटी असहज उड़ानें

चिपचिपे महासागर में
हिंस्त्र जल-जन्तुओं के बीच

मैं भी चाहता हूँ
सहना सीख जाएँ मेरे शब्द
बाहर-भीतर के समूचे अन्धकार को

सुनसान रास्ते के दोनों ओर
मौन खड़े यूकलिप्टस
मुस्कुराएँ
अपनी उदासी छोड़कर

मैं भी चाहता हूँ
मेरे शब्द सीख जाएँ
असहमति में सिर हिलाना!

आन्दोलन

उनके मासूम और कोमल चेहरे
तमतमा रहे थे गुस्से में
जिद्दी बच्चे की तरह
उन्होंने पत्थर उठाया
और पास से गुजरती बस के शीशे पर
दे मारा
शीशा चूर-चूर होकर
बिखर गया

भीड़ में खड़े शातिर लोगों ने
तालियाँ बजाईं
जिन्दाबाद के नारे उछाले
टायरों की हवा खिसक गई
जम्हाई लेने लगीं बन्दूकें
मुँह फेरकर

शीशों के टूटने की खनक
शैम्पू से धुले रेशमी बालों
और जींस की सरसराहट में खो गई
कोमल और मासूम चेहरों पर
खूँखार जंगली जानवरों के चेहरे
उभरने लगे

पत्थर फिर उछला
हवा में लहराकर गिरा
भीड़ के बीच

जय-जयकार करती बन्दूकें
शामिल हो गईं
पत्थरों के शोर में

टूटे हुए शीशे की किरिचें
सड़क के स्याह रंग में
बँट गई अनेक सूर्यों में
सहम गईं धू-धू जलती दुकानें
बिना धुएँ की आग में

किताबें सहेजकर पन्ने पलटते
नर्म हाथों में
थमा पत्थर देखकर
लगा जैसे समूचा पहाड़
शर्मसार होकर नदी के रास्ते
धँस जाएगा समन्दर में

समन्दर : जिसके फेफड़े जख्मी हैं
पहाड़ के स्पंदन से

पत्थर उछालते हाथों की तस्वीरें
एक दूसरे को दिखाते
मुस्कुराते चेहरे
सड़क पर बिखरे शीशे के टुकड़ों में
नहीं देख पाते हैं
अपना अक्स

लगा दिया है
बड़े चौराहे पर
आत्मदाह में झुलसे युवक के नाम का
शहीदी शिलालेख
काँच के टुकड़े
अलग-अलग हिस्सों में बँटकर
कर रहे हैं इन्तजार

धूल बन जाने का

दिशाहीनता के इस युग में
पथरीली पगडंडियों-सा
हृदय उनका बेहद कमजोर है
जो जरा से झटके में
धड़कना छोड़कर शान्त हो जाएगा

धरती के हरेपन को हरापन कहने की
उम्मीदें अभी मौजूद हैं
उस आदमी की आँखों में
जो पत्थर और शीशे के बीच
रखता है हौसला
दीवार बनकर खड़ा रहने का।

रोशनी के उस पार

रोशनी के उस पार
खुली चौड़ी सड़क से दूर
शहर के पश्चिम किनारे
गन्दे नाले के पास
जहाँ हवा बोझिल है
और मकान छोटे परस्पर सटे हुए

पतली वक्र-रेखाओं सी गलियाँ
जहाँ खो जाती हैं चुपचाप

बन जाती हैं
सपनों की कब्रगाह
भूख की अँधेरी गुफाएँ
नंगे घूमते बच्चों की आँखों में

अँधेरे-उजालों के बीच
गुप्त-सन्धि के बाद
गली के खम्भों पर रोशनी नहीं उगती
पानी नहीं आता नल में
सूँ-सूँ की आवाज के बाद भी

रह जाती है सीमित
अखबार की सुर्खियों तक
विश्व बैंक की धन राशि
रोशनी के उस पार
जहाँ आदमी मात्र एक यूनिट है

राशन कार्ड पर चढ़ी हुई
या फिर कागज का एक टुकड़ा
जिसे मत पेटी में डालते ही
हो जाता है वह अपाहिज
और अभिशप्त भी

रोशनी के उस पार
जहाँ सूरज डूबता है हर रोज
कभी उगता नहीं
भूले-भटके भी
जहाँ रात की स्याही
दबोच लेती है
कालिख बनकर
परस्पर सटे और
अँधेरे में डूबे
मकानों को
और,
लील जाती है
कुनमुनाते सपनों को
किसी अजगर की तरह!

रंगों का बोझ

दरअसल वह कोई शहर नहीं
एक पुराना टीला है
जिसके नीचे दबे हैं ढेरों नर-कंकाल

कंकालों के ढेर पर खड़े होकर
उन्हें लगता है
वे सबसे ऊँचे शिखर पर
चढ़ गए हैं
और जब गुर्राते हैं
तो काँप जाता है समूचा देश

वे जब पीली टोपी पहनते हैं
तो उसका रंग पीला ही नहीं होता
इसी तरह लाल रंग वाले
पीले को लाल कहने का
भ्रम पैदा करते हैं

नीला भी नीला नहीं होता
न सफेद ही होता है सफेद

रंगों के इस घालमेल में
फँसा आदमी
जब तक कुछ समझ पाता है
उसके जिस्म का कोई हिस्सा
हो चुका होता है अपंग
नहीं उठ पाता है

तमाम कोशिशों के बाद भी

उसकी पीठ
नहीं उठा पाती रंगों का बोझ

आवाजों के शोर में
डूबती सिसकियाँ
बनकर रह जाती हैं ठंडी साँसें
टँग जाती हैं
मकबूल फिदा हुसैन की पेंटिंग बनकर
पाँच सितारा होटल में
या किसी व्यवसायी के अतिथि कक्ष में।

विध्वंस बनकर खड़ी होगी नफरत

तुमने बना लिया
जिस नफरत को अपना कवच
विध्वंस बनकर खड़ी होगी रूबरू एक दिन

तब नहीं बचेंगी शेष
आले में सहेजकर रखी बासी रोटियाँ
पूजाघरों में
अगरबत्तियाँ धूप और नैवेद्य
नहीं सुन पाओगे
बच्चों का खिलखिलाना
चिड़ियों का चहचहाना

बन जाएगा फाँसी का फन्दा
गले में लिपटा कच्चा धागा

ढूँढ़ लो कोई ऐसा शंख
जिसकी ध्वनि पी सके इस जहर को
या फिर कोई मणि
जो बचा सके
नागिन-सी फुफकारती नफरत से

विध्वंस बनकर खड़ी होगी
एक दिन यह नफरत
तुम्हारे दरवाजे पर
जहाँ तुमने उकेर रखे हैं शुभ चिह्न
अपशकुन से बचने के लिए!

विरासत

आदि सभ्यता के वंशज आप
धर्म-कर्म-ज्ञान-ध्यान में अग्रणी
लिखा है आपकी पुस्तकों में

बात-बेबात किया अबे-तबे
नाहक पीटा, मारा
लूटा-खसोटा आपने

हम जोत रहे थे खेत
सिल रहे थे फटे जूते
बुहार रहे थे सड़क
घर-आँगन आपके

झुके-झुके हो गई थी
कमर टेढ़ी हमारी

लोहा, लंगड़,
गारा-सीमेंट
ईंट-पत्थर
सभी पर है
स्पर्श हमारा
लगे हैं जो घरों में आपके

फिर भी बना दिया आपने
हमें अछूत और अन्त्यज
भंगी-डोम-चमार

मांग-पासी और महार

छूना भी जिन्हें पाप
हिस्से में जिनके सिर्फ
उपेक्षा और उत्पीड़न
'जाति' कही जाएँ जिनकी नीच
आप बता सकते हैं
यह किस सभ्यता और संस्कृति की देन है?

बयान

वे चाहते हैं
मैं शामिल रहूँ उनकी बहसों में

उनकी सहृदयता का बनावटीपन
छुप नहीं पाता है उनके वक्तव्यों में
जो उन्होंने दिये हैं
अँधेरों को धूप का अक्स कहकर

उनके बयानों में
कहीं नहीं है मेरा जिक्र

उनकी फुसफुसाहटें, कहकहे
चुभते हैं डंक की तरह
मेरी पीठ पर

मेरी जिह्ना पर उतर आती है
अधबुझी भट्ठी की आग
जहाँ अक्सर जली हैं मेरी हड्डियाँ
ईंधन बनकर

फिर भी वे चाहते हैं
मैं शामिल रहूँ
उनकी बहसों में
कहता रहूँ उनकी 'हाँ' को 'हाँ'
'ना' को 'ना'

आप ही बताइए
मैं ऐसा कैसे कर सकता हूँ!

अपने हिस्से की रोटी

मैंने माँगी
अपने हिस्से की रोटी
वे उठ खड़े हुए
हाथों में अंगारे लेकर

हवा में फैल गई चिरायँध

कोई देवता नहीं पसीजा
नहीं हुई आकाशवाणी
ईश्वर ने भी नहीं लिया अवतार

ओ, हजारों साल पुराने देवताओ
मैं नकारता हूँ
तुम्हारे अस्तित्व को

मैं लड़ूँगा
अपनी हड्डियों के वज्र से
जिसकी मूठ पर चिपकी हैं
निर्दोष बच्चों की सिसकियाँ
लुटी-पिटी स्त्रियों का प्रतिशोध!

चुप्पी टूटेगी

जितना रहोगे चुप
मारे जाओगे बेदर्दी से उतना ही

उनके हाथों में होंगे
तमंचे, बन्दूक, लाठी, डंडे, हथगोले
साथ होगी पुलिस, सेना, शक्ति
और तुम निहत्थे
मारे जाओगे
बचकर भागने से पहले ही
तुम्हारी चुप्पी ही हो जाएगी खड़ी
तुम्हारा रास्ता रोककर

मिलेंगे वे हथियारों से लैस
हर मोड़ पर
हर जगह
भेष बदल-बदल कर

आवाजें होंगी जानी-पहचानी
फिर भी नहीं पहचान पाओगे चेहरे

मारे जाओगे
इतना तो तय है

बचा सकते हो तो कोशिश करो
बचाने की उन्हें

जो अभी जन्मे भी नही हैं

तुम्हारी चुप्पी टूटेगी
तो बनेगी दस्तावेज
जो लिखोगे
डरी, सहमी हवाओं के सीने पर,
उनके लिए
जिन्हें अभी जन्म लेना है

वे गर्वित होंगे
बड़े-बूढ़ों से सुनकर तुम्हारी कहानियाँ
लम्बी-लम्बी रातों में
पुआल के भीतर दुबककर!

ऐसा क्यों होता है

जमीन पर झुका
बित्ता भर आदमी
बन जाता है
कभी कोयला
कभी लोहा और सीमेंट
कभी गेहूँ
        दाल
        दूध
        सब्जियाँ
        या फिर मीट
                बन जाता है
                तन ढकने के वस्त्र
फिर भी रह जाता है
भीड़ का हिस्सा बनने से

ऐसा क्यों होता है?

शब्द चुप नहीं हैं

अखबार की हर एक पंक्ति में
पसरे शब्द
निरे शब्द नहीं होते
न होते हैं हाथ बाँधकर
सिर झुकाए पंक्तिबद्ध खड़े लोग ही

शब्द सिर्फ एक खबर भी नहीं होते
जिसे पढ़ा जाए और दूसरे ही पल
भुला दिया जाए

छपे शब्द दीख पड़ते हैं
जितने खामोश
उतने नहीं होते
एक दूसरे से सटकर
नहीं करते गुप्त मन्त्रणा
न फुसफुसाकर कहते हैं कोई बात

शब्द सपनों में भी नहीं चीखते

लाँघते भी नहीं एक ही झटके में
साधना चक्र की तमाम सीढ़ियाँ

शब्दों के चेहरों पर
चढ़ी होती हैं अनेक रंगों की परतें
जिनके पीछे छिपे होते हैं
अनेक अर्थ

बरसों-बरस लम्बी यात्रा पर निकले शब्द
भूल जाते हैं अपना वंश, अपना नाम

फिर भी
शब्द चुप नहीं रहते
वे बोलते हैं
खोलते हैं भेद
भरते हैं साहस
'हाँ' का 'हाँ'
और 'ना' का 'ना' कहने का!

अच्छा ही हुआ

अच्छा ही हुआ
मैं नहीं जन्मा
उच्चवर्णीय माँ के गर्भ से

होता मैं भी
संवेदनहीन
जड़
परजीवी
फूँकता कान में मन्त्र
नवजात शिशु के
जात-पाँत के प्रपंच का

अच्छा ही हुआ
मैं नहीं जन्मा
उच्चवर्णीय माँ के गर्भ से

बच गया मैं
श्रेष्ठता की अहमन्यता से
पाखंड की देहरी से

बची रह गई
मेरे पास
रिश्तों की अपार ऊर्जा
जहाँ प्रज्वलित है
असंख्य अग्नि कुंड

मरते-मरते मेरा बाप
थमा गया
मेरे हाथ में कलम
झाड़ू की जगह
कालग्रस्त अँधेरों की सिसकियाँ
और मुक्ति का घोषणा-पत्र
लिखने के लिए

अच्छा ही हुआ
मैं नहीं जन्मा
उच्चवर्णीय माँ के गर्भ से!

अब और नहीं

आँख-मिचौली खेलने का समय नहीं है यह
सँभल-सँभलकर कदम रखने वाले भी
मारे जाएँगे फर्जी मुठभेड़ों में
या फिर साम्प्रदायिक दंगों में

गन्दगी के ढेर में किलबिलाते कीड़ों की तरह
खामोश जीकर भी क्या मिला
होंठों की मुक्त हँसी
और उँगलियों की सहज स्निग्धता
कहाँ गई

अदम्य साहस और अपरिमित धैर्य
रक्त की गर्मधार बनकर बह गए
बरसाती गँदले पानी की तरह
या चिरायँध फैलाकर जल गए
अकस्मात लगी आग में

हजारों साल का मैल
रगड़-रगड़ कर निकालने में
समय जाया मत करो
भीड़ भरी सड़कों पर
यातायात के बीच अपनी जगह बनाकर
रुकने का संकेत पाने से पहले
लालबत्ती का चौराहा पार करना है

छद्मवेशी शब्दों का प्रलाप जारी है
सुन चुके अर्थहीन तर्क भी
बहुत दिन जी चुके हताशा और नैराश्य के बीच
कलाबाजियों और चतुराई भरे शब्दों का
खेल हो चुका
अब और नहीं
तय करना होगा
कहाँ खड़े हो तुम
साये या धूप में!

अखाड़े की माटी

कुश्ती कोई भी लड़े
ढोल बजाता है सिमरु ही
जिसके सधे हाथ
भर देते हैं जोश पूरे दंगल में

उछलने लगती है
मिट्टी अखाड़े की
ताक धिना धिन...ताक धिना धिन...
झाँकने लगते हैं लोग
एक दूसरे के कन्धों के ऊपर से
उचक-उचककर

बहुत गहरा रिश्ता है
सिमरु और ढोल का—
जैसे साँस और धड़कन

ढोल खामोश है
तो खामोश है
अखाड़े की माटी

खामोश ढोल को
जगाएँगे हाथ सिमरु के
ढोल बजेगा
जागेगा अखाड़ा
जागेगी माटी अखाड़े की

माटी ही तो है
जो स्वीकारती है सभी को
अच्छे हों या बुरे
हर रूप में!

अँधेरे में शब्द

रात गहरी और काली है
अकालग्रस्त त्रासदी जैसी

जहाँ हजारों शब्द दफन हैं
इतने गहरे
कि उनकी सिसकियाँ भी
सुनाई नहीं देतीं

समय के चक्रवात से भयभीत होकर
मृत शब्द को पुनर्जीवित करने की
तमाम कोशिशें
हो जाएँगी नाकाम
जिसे नहीं पहचान पाएगी
समय की आवाज भी

ऊँची आवाज में मुनादी करने वाले भी
अब चुप हो गए हैं
'गोद में बच्चा
गाँव में ढिंढोरा'
मुहावरा भी अब
अर्थ खो चुका है

पुरानी पड़ गई है
ढोल की धमक भी

पर्वत कंदराओं की भीत पर
उकेरे शब्द भी
अब सिर्फ
रेखाएँ भर हैं
जिन्हें चिह्नित करना
तुम्हारे लिए वैसा ही है
जैसा 'काला अक्षर भैंस बराबर'
भयभीत शब्द ने मरने से पहले
किया था आर्तनाद
जिसे न तुम सुन सके
न तुम्हारा व्याकरण ही

कविता में अब कोई
ऐसा छंद नहीं है
जो बयान कर सके
दहकते शब्द की तपिश

बस, कुछ उच्छ्वास हैं
जो शब्दों के अँधेरों से
निकल कर आए हैं
शून्यता पाटने के लिए!

[3 मई, 2011]

शब्द और ब्रह्म

उसने कहा—
शब्द ब्रह्म है
भीड़ ने सिर झुकाए
सहमति जताई

मैं अवाक!

सोचने लगा
उनके बारे में
जो गूँगे हैं
हजारों साल से
यानी शब्द विहीन
यानी ब्रह्म विहीन

जबकि,
गूँगे करते हैं संवाद
बिना शब्द
यानी बिना ब्रह्म के

हजारों साल रखा जिन्हें
शब्द से दूर
ब्रह्म से दूर
जो पल-पल रच रहे थे
हजारों शब्द अपने पसीने की गंध से

जिसे छीन कर
अपनी मिल्कियत बना कर बैठ गए थे
कुछ चतुर लोग
जो आज भी समझा रहे हैं शब्द के अर्थ
अपनी संकुचित भाषा में
बना कर शब्द को जड़
और अर्थहीन

शब्द सिर धुनता है
शस्त्र विहीन सैनिक की तरह
जिसका रुदन सुनाई नहीं पड़ता
जड़ होती भाषा को

भाषा हो जाती है असमर्थ
नये सूर्य की धूप में
चुँधिया जाती हैं जिसकी आँखें
रटने लगती हैं
घिसी-पिटी क्रियाएँ
जो धीरे-धीरे प्रलाप में बदल कर खो जाती हैं
रेतीले बवंडर में

कितना बेबस हो जाता है शब्द
जो कभी ब्रह्म था!

[12 अप्रैल, 2011]

उन्हें डर है

उन्हें डर है
बंजर धरती का सीना चीर कर
अन्न उगा देने वाले साँवले खुरदरे हाथ
उतनी ही दक्षता से जुट जाएँगे
वर्जित क्षेत्र में भी
जहाँ अभी तक लगा था उनके लिए
नो एंट्री का बोर्ड

वे जानते हैं
यह एक जंग है
जहाँ उनकी हार तय है
एक झूठ के रेतीले दूह की ओट में
खड़े रह कर आखिर कब तक
बचा जा सकता है
बालि के तीक्ष्ण बाणों से

आसमान से बरसते अंगारों में
उनका झुलसना तय है

फिर भी
अपने पुराने तीरों को वे
तेज करने लगे हैं

चौराहों से वे गुजरते हैं

नि:शंक
जानते हैं
सड़कों पर कदम ताल करती
खाकी वर्दी उनकी ही सुरक्षा के लिए तैनात है

आँखों पर काली पट्टी बाँधे
न्यायदेवी जरूरत पड़ने पर दोहराएगी
दसवें मंडल का पुरुषसूक्त

फिर भी,
उन्हें डर है
भविष्य के गर्भ से चीख-चीख कर
बाहर आती हजारों साल की बीभत्सता
जिसे रचा था उनके पुरखों ने
भविष्य निधि की तरह
कहीं उन्हें ही न ले डूबे किसी अँधेरी खाई में
जहाँ से बाहर आने के तमाम रास्ते
स्वयं ही बन्द कर आए थे
सुग्रीव की तरह

वे खड़े हो गए हैं
रास्ता रोक कर
चीख रहे हैं
ऊँची आवाज में
उनके खिलाफ
जो खेतों की मिट्टी की खुशबू से सने हाथों
से खोल रहे हैं दरवाजा
जिसे घेर कर खड़े हैं वे
जिनके सफेद कोट पर खून के धब्बे
कैमरों की तेज रोशनी में भी साफ
दिखाई दे रहे हैं
भीतर मरीजों की कराहटें
घुट कर रह गई हैं
दरवाजे के बाहर

सड़क पर उठते शोर में
उच्चता और योग्यता की तमाम पर्तें
उघड़ने लगी हैं

[15 अप्रैल, 2009]

तुम्हारी जात

पेड़ जानता है
दूब हरी हो जाती है बादल के
बरसने पर

दूब भी जानती है
पेड़ पर झुलसे धूल धूसरित पत्ते
चहकने लगते हैं
बारिश की बूँदों में

नये पंख उग आते हैं
पक्षियों की उड़ान में

पक्षी भी जानते हैं
आकाश एक भ्रम है
कहीं नहीं मिलते
धरती और आकाश
पहाड़ों पर नहीं चढ़तीं नदियाँ

लेकिन आदमी है
अपनी ही अकड़ में फँसा
नहीं जानता
धरती के सीने में सुलगता लावा
जब बाहर निकलता है
बंजर बना देता है हरी-भरी धरती को
जहाँ कुछ नहीं उगता
हजार-हजार सदियों तक

फिर भी, आदमी
जी रहा है अपनी ही ऐंठ में
थपथपा रहा है
अपनी ही पीठ

हाथ लम्बा करके
बता रहा है
स्वयं को महान

यह जानते हुए भी
कि पाँव गन्दगी से भरे हैं
हाथ सने हैं लहू से

माथे पर लगा
हजारों साल पुराना चन्दन
सड़ चुका है

वृक्षों ने डर कर
छोड़ दिया है उगना

नदियाँ सूखने लगी हैं
या फिर मुड़ गई हैं
रास्ता बदल कर
तुम्हारी बस्तियों से दूर

वे जानती हैं
तुम कभी नहीं बदलोगे
तुम्हारी जात ही ऐसी है!

[11 मार्च, 2010]

वसुधैव कुटुंबकम्

'वसुधैव कुटुंबकम्' की हजारों वर्ष पुरानी
रटंत की ओट में
हर रोज मिलती रही उसे
दुत्कार, फटकार,
सहता रहा प्रताड़ना
बुहारते हुए गलियाँ
आँगन
चौबारे
जोतते हुए जमीन

नंगे बदन
बुनते हुए कपड़ा
तराशते हुए
तुम्हारे पाँव की जूती

अपने लिए वक्त नहीं था
उसके पास
फटी बिवाइयों से रिसते लहू की बूँदों को
पोंछने का

जीते जी
भोगता रहा सिर्फ घृणा
या फिर तुम्हारी आँखों से
बरसती चिंगारी
भरी दुपहर में
जब जिस्म से टपकता था रक्त

पसीने की शक्ल में
वह नहीं कर पाता था बेकारी
और मजूरी में फर्क
भूल चुका था
रंगों की पहचान
होने लगा—
पीले के साथ पीला
नीले के साथ नीला
लाल के साथ लाल

उसके पाँव का स्पर्श पहचानते हैं
सभी खदानें
तालाब, नदी-नाले, समन्दर
पहाड़ और जंगल
फिर वह रहा अजनबी
अनचीन्हा

जिसे गढ़ा छेनी-हथौड़े से
वह पराएपन के साथ खाता रहा
माल-पूरी आँख मूँद कर चुपचाप
बाँटता रहा खुशियाँ
निठल्लें और कामचारों को

सुनता रहा
हर रोज घृणा और द्वेष के मन्त्र

कितना खोखला लगता है शास्त्रीय भाषा का
यह शब्द!
वसुधैव कुटुंबकम्!

[31 मई, 2010]

ज्यादा बुरे दिनों के इन्तजार में

जारी था हजारों साल पुराना
प्रवचन
लच्छेदार भाषा में
बखान था
'गोमूत्र' के गुणों का
आयुर्वेद के साक्ष्यों के साथ

मैं चुप था
इसलिए
कि नहीं जानता
आयुर्वेद में क्या लिखा है?

चुप रहना
मेरी विवशता थी

मैं उस रोज भी चुप था
जब सगोत्रीय
युवक-युवती
मारे गए
'ऑनर किलिंग' के नाम पर

यह सच है
कि मैं नहीं जानता
'ऑनर किलिंग' क्या है?
कितनी जायज
और कितनी वैधानिक है?

इसी तरह,
मैं उस रोज भी चुप ही रहा
जब,
'खाप' पंचायतों ने खुलेआम
डंके की चोट पर
ऊँची आवाज में सुनाए थे फैसले—
गोहाना और मिर्चपुर में
'जला कर राख कर दो
इन कमीनों के घरबार
पाँव की जूती
सिर उठा कर चलने लगी है'

मुझे विश्वास था—
पुलिस, प्रशासन
न्यायपालिका
प्रधानमन्त्री,
राष्ट्रपति,
चुनाव और मानवाधिकार आयुक्त,
तथाकथित राष्ट्रभक्त,
साहित्य के मठाधीश
चुप नहीं रहेंगे

अफसोस!

उनकी विवशता
मुझसे भी ज्यादा
खतरनाक थी...!

मैं उस रोज भी चुप ही रहा
जब अखबार ने बताया
हजारों टन अनाज
सड़ रहा है
बिना गोदामों के

जबकि,
लाखों लोग
जूझ रहे हैं
कर रहे हैं
आत्महत्या
किसान
भूख से बिलबिलाकर

मैं नहीं जानता
कौन है जिम्मेदार...?
जो घोड़े बेच कर सो रहा है

शायद, यह मुहावरा ही गलत है
लगता है—
कुएँ में भाँग पड़ी है

इसीलिए,
चारों ओर
चल रहे हैं
धार्मिक प्रवचन
बखान रहे हैं
'गोमूत्र' के गुण
आयुर्वेद का साक्ष्य देकर
और,
एक हम हैं
जो चुप हैं
और ज्यादा बुरे दिनों के इन्तजार में!

[12 अगस्त, 2010]

बँधुआ शब्द

मेरा बोलना
रोना-धोना
चीखना-चिल्लाना
नागवार लगता है तुम्हें

लगता था उस वक्त भी
जब हम
अँधेरों में सिसक-सिसक कर
कर रहे थे मूक-रुदन
हजारों साल से

तब भी तुम्हारे कान बन्द थे

तुम्हारे हाथ में
शस्त्र और शास्त्र थे
जिह्वा पर सरस्वती
ऊँच-नीच को तार्किकता
देने के लिए

हम तब भी चीख रहे थे
जिसे नहीं सुनना
तुम्हारी कूटनीति थी
या फिर शिल्प कौशल

हमारे भीतर-बाहर
जो अँधेरा है

उसे महसूस करना
जरूरी नहीं है तुम्हारे
क्योंकि,
शब्दों को बन्धक बना कर
तुम जानते हो
अच्छी तरह इस्तेमाल करना

इसीलिए, तुम्हारे शब्द बदल जाते हैं
सैनिक टुकड़ियों में
पवित्र पुस्तकें
बन जाती हैं पड़ाव-स्थल
कुचल देने के लिए
किसी भी प्रतिरोध को

घेराबन्दी करके बैठे
शब्दों की पीठ पर
लदा है घातक विस्फोटक
जो प्रतिबद्ध है
निहत्थे और बेबस
असहाय लोगों की
तबाही के लिए

बस्तियाँ जला कर
राख कर देने में
महारत हासिल है

गोहाना, मिर्चपुर झज्जर
और खैरलांजी...
रच देना
बाएँ हाथ का खेल है

जिसकी कहीं सुनवाई तक नहीं होती,

फिर भी,

मुझे यकीन है
एक दिन माँगा जाएगा
हिसाब
संसद से
मानवाधिकार आयोग से
न्यायपालिका से...

जो चुप्पी साध कर
निकल जाते हैं
गोपनीय यात्रा पर
ऐसे दिनों में
जब उन्हें खड़ा होना था
उन लोगों के पक्ष में
जिनकी सिसकियाँ गूँजती हैं
बेनाम अँधेरों में
जब-जब वे कोशिश करते हैं
इन अँधेरों से बाहर आने की
उठ खड़ा होता है
समूचा तंत्र
उनके खिलाफ एकजुट होकर

उनकी अन्त:चेतना में
सुलग रहा है
आग का बवंडर
जो किसी भी दिन
जाग सकता है
अपनी हजारों साल पुरानी
चुप्पी तोड़ कर!

[23 अक्टूबर, 2010]

लोकतंत्र या...?

प्रथम परिचय में ही
वे तलाशने लगते हैं
नाम का उतरार्द्ध
खाली स्थान पर
अटक जाती है
मस्तिष्क की सुई

वे बार-बार पूछते हैं
क्या नाम बताया आपने?
जी...
नहीं पूरा नाम बताइए...
जी...
आगे कुछ नहीं लगाते?
यानी...?
नहीं...
क्यों...?
इस क्यों पर आते ही
सब कुछ बदल जाता है
इक्कीसवीं सदी में
लौट आती है पेशवाई सदी
जहाँ इनसान की औकात
जन्मना जाति से तय होती है

जाति यानी उपनाम
उपनाम यानी गोत्र, वंश, कुल
यानी वर्ण

यानी चौक-चौबन्द व्यवस्था
यानी ऊँची-नीची पायदान
यानी इनसान होने की शर्त

यह कैसा लोकतंत्र है भाई?
जहाँ चुनाव, नौकरी, इज्जत
योग्यता, शिक्षा
सब जाति तंत्र तय करता है!

[21 अक्टूबर, 2010]

फरमान

हमारे भीतर बिखरे पड़े हैं
ढेरों शब्द
जो चौंकते हैं
छोटी-सी आहट पर भी
अर्थ की तलाश में

कुछ शब्द नये हैं
कुछ सदियों पुराने
जो मिले हैं विरासत में
यातनापूर्ण दिनों के साथ
ठीक वैसे ही
जैसे मिले हैं घृणा और हीनता बोध

जिनसे छुटकारा पाना
सबसे बड़ी चुनौती है

जिसे रचा था
बन्द कमरों में बैठ कर
धर्म के तानाशाहों ने
स्वयं को सुरक्षित रखने के लिए।

ताकि,
उनके ही मठ में घुस कर
उन्हें मारा न जा सके

जब-जब भी किसी ने की ऐसी जुर्रत
तब-तब उसकी छत से धुआँ निकलने लगा
पसीने से उगाए अन्न को
जोर-जबर्दस्ती से उठा ले गए
कारिंदे
धकेले गए
आदिम भूख के गह्वर में
जहाँ जूझना पड़ा अँधेरे से।

प्रतिबन्धित कर दिये सभी रास्ते,
कुएँ, पोखर, खेत
मन्दिर, विद्यालय
हाथ में लेकर धर्म-ग्रंथ।

बीसवीं सदी का कवि
मुखौटा पहन कर बौद्धिकता का
कहता है—
'धैर्य रखो
जल्दबाजी में काम बिगड़ता है'

हम शब्दों के चितेरे
तुम्हारे साथ हैं
सोचना और चिल्लाना
तुम्हारा नहीं हमारा काम है
हमें करने दो
हमने तो तुम्हारी आवाज पहले भी
उठाई है
आगे भी उठाएँगे
तुम अपना काम करते रहो
जो तुम्हें सौंपा गया था,
धर्म-ग्रंथों के आदेश पर

और वैसे भी कोई भी काम
छोटा और बड़ा नहीं होता

यही तो पुरुषार्थ है,
यही मोक्ष
और आनन्द है
ईश्वर का आदेश है

[18 अक्टूबर, 2010]

जाति-अहंकार

मकड़ी के महीन जाल में फँसा
सरसों के दाने-सा
यह जीवन
जिस पर टिकी हैं
हजारों निगाहें

जन्मने से पहले ही
हो जाती है शुरू खींचतान
जो खत्म नहीं होती मृत्यु पर्यंत भी

वैसे ऐसा कुछ भी नहीं इस दुनिया में
जिसे खत्म होना कहा जाए

न बीज
न पेड़
न पृथ्वी
न पक्षी
न पानी
न जाति

सिर्फ बदलता है रूप
रंग...
गंध...
आकार...
और जगह

जैसे पानी
वैसे जीवन

फिर भी कुछ लोग हैं

जो अकड़े-अकड़े घूमते हैं
नाक ऊँची करके
अपने होने के अहंकार में डूबे हुए

अपनी जाति
दूसरों से श्रेष्ठ बताना
अतीत में जीना
उनका गर्व है

जो सिर्फ एक धोखा है
अँधेरे में अपनी परछाईं ढूँढ़ते रहने की तरह

इस सच से बेखबर
कुछ ऐसे भी दीन-हीन लोग हैं
जो उनकी इस गर्विष्ठ उक्ति को सुनते हैं
मिचमिची आँखों से
और हो जाते हैं अभिशप्त
जमीन में गड़ जाने के लिए!

[4 नवम्बर, 2010]

उत्सव

अँधेरा सिर्फ एक शब्द भर
नहीं है मेरे लिए
पूरा इतिहास है
जिसे ढोया है
हजारों साल से
एक बोझ की तरह

अभ्यस्त होकर जिये
पीढ़ी-दर-पीढ़ी

अँधेरे की कवायद में
घुटती रही साँसें
दर्ज होता रहा
हारते जाने का इतिहास
कँटीली बाढ़ से घिरे
असंख्य लोगों का

अँधेरे के सृजक
इतराए घूमते हैं
अपनी पैतृक कुलीनता के साथ

मौका पाते ही
समझाने लगते हैं
अँधेरे का अर्थ
कभी अभिव्यंजना में
तो कभी अभिधा में

जबकि अँधेरा सिर्फ अँधेरा है
जो सीधे वार करता है
पेट और पीठ पर एक साथ

जब वे मनाते हैं
रोशनी का उत्सव
अँधेरा और गहरा जाता है

दमघोंटू विनाशकारी बारूदी धुआँ
उतर जाता है
फेफड़ों में

मौन खड़े पेड़-पौधे
डूब जाते हैं
लम्बी काली विषैली रात के आगोश में
शोकग्रस्त होकर

और,
वे चीख-चीख कर
पूरे उत्साह से करते हैं धमाके
मनाते हैं पारम्परिक उत्सव

विस्फोट...
अँधेरा...
और कानफाड़ू शोर...

आखिर आपकी मंशा क्या है?
आपके इस कृत्य पर मुझे गर्व करना चाहिए?...

[6 नवम्बर, 2010, दीपावली]

भाग्य-विधाता

वे बोलते हैं
सिर्फ शास्त्रों की भाषा
जिसे सुनकर इतिहास की निरंकुशता
पाँव पसारने लगती है
सूरज की तेज रोशनी
बदल जाती है
साँझ के धुँधलके में

वजह चाहे जो भी हो
पर इतना तो साफ है
उनकी बोली-बानी
भेद खोल देती है
भलमनसाहत का

हर पल बदलते हैं उनके चेहरे

दिखते हैं कभी साधु
तो कभी चोर
तो कभी जज
तो कभी दीवान
तो कभी मुल्ला
तो कभी पंडत
कभी पुजारी
तो कभी साधक
तो कभी नेता
मुश्किल होता है

उनको पहचानना

फिर भी,
जब वे कहते हैं
उजाले को काला सूरज
या प्रकाश की असमर्थता
सुनने वाला सिर्फ देखता रह जाता है
पल-पल बदलते चेहरे और वक्तव्य

इसीलिए,
उनकी दार्शनिकता में
यह सब क्षण भंगुर है
धन-दौलत, ऐशो आराम
सिर्फ हाथ के मैल हैं
जिसे गंगाजल से धो कर वे व्यर्थ नहीं करते

तिजोरी के भीतर एक और तिजोरी
रख कर बैठ जाते हैं
आने-जाने वालों को बताते हैं
उनकी हैसियत

उस वक्त उनकी आवाज की गर्जना
सब कुछ कह देती है
सामने खड़ा अदना-सा आदमी
गड़ जाता है जमीन में

जहाँ,
उसे सुनाई पड़ते हैं
सिर्फ कुछ नारे
आश्वासन
कुछ सूत्र वाक्य
जिनके अर्थ समझना
उसके बूते से बाहर है

और,
वे लोकतंत्र के भव्य रथ पर सवार होकर
निकल पड़ते हैं
देश की किस्मत बदलने!

[12 अप्रैल, 2011]

बिलोड़न

बहुत सुन चुके
शब्दों का अनवरत बिलोड़न

पक गए हैं कान हमारे
कब तक सुनाते रहोगे
गोल-गोल भाषा में
अन्तहीन छद्म

समझने लगे हैं
शब्द के भीतर रचे-बसे दूसरे
अदृश्य शब्द को
खुलने लगे हैं
जिसके अर्थ
बाँध तोड़ कर
उफनते नदी जल-प्रवाह की तरह

खत्म हो चुकी शब्द की गोपनीयता
लौटने लगी है भाषा अपने
उद्गम की ओर

बहुत इम्तहान ले चुके
हमारे सब्र का
जर्जर बाँध टूट सकता
किसी भी क्षण
खेत की माटी
अभी पूरी तरह बंजर नहीं हुई है

समय और मौसम के साथ बदलना
उसे आता है

जंग लगे शब्द साथ छोड़ देंगे
खोलेंगे भेद
सिर पटक कर
करेंगे रोष प्रकट

वे शब्द जो बँधुआ बन कर
कर रहे थे
चाकरी तुम्हारी

जिन्हें गाँठ में बाँध कर
घूम रहे हो निरंकुश
अब बन्द भी करो
शब्दों का यह बिलोड़न
मुक्त होने दो शब्द को
लेने दो साँस
खुली हवा में
जहाँ प्रेम गंध
कर रही है
इन्तजार शब्द का हजारों साल से!

[28 अप्रैल, 2011]

माँ और नदी

बचपन में अक्सर देखा था
माँ को
अपनी कमाई का सिक्का
अर्पित करते नदी को

नदी के तट पर खड़े होकर
हाथ जोड़ते
और मन ही मन बुदबुदाते
'मैया! इनायत रखना'

कितना गहरा रिश्ता था
माँ और नदी के बीच

नदी किनारे घर था
मेरे ननिहाल का
सट कर बहती थी हिंडन नदी
जिसके रेत में उपजे
ककड़ी, तरबूज और खीरे
भुलाए नहीं भूलते
जैसे माँ के हाथ की बनी
रोटी-सब्जी और सिल पर पिसी
चटनी

नदी,
इतिहास और वर्तमान दोनों है
माँ की तरह

जहाँ, स्मृति और वेदना
दोनों एक साथ हैं

बरसाती दिनों में
उफनती नदी का वेग
सुनाई पड़ता था
गहरी नींद में भी
जैसे माँ की आवाज
गूँजती है आज भी
सपनों में
घर से दूर
बहुत दूर निकल आने पर भी

इस शहर के इर्द-गिर्द
अनेक नदियाँ हैं
कुछ जलविहीन
तो कुछ भरी-पूरी
जब भी जाता हूँ इनके पास
याद आती है
माँ
सिक्का उछालती
नदी के जल में
मन ही मन बुदबुदाती—
'इनायत रखना मैया!'

[30 अप्रैल, 2011]

मुक्ति-संघर्ष

जिस अतीत की
आदिम महानता से आत्ममुग्ध होकर
बदलना चाहते हो
बूचड़खाने में
हर गली
और मुहल्ले को
वही अतीत अँधेरे से भी
गहरा है मेरे लिए

काँटेदार जंग लगी बाड़
और चौहद्दी में कैद
धकियाई गई जिन्दगी
नदी-नालों के किनारे
नदी-बारिश और शीत से
झुलसे जिस्म
नहीं देख पाए
धरती का सुनहरा रंग

जिस पर उकेरते रहे रात-दिन
फसलों के गोदने
खाली पेट
तरसते एक-एक बूँद पानी के लिए
नदियाँ, कुएँ, पोखर
सभी पर कब्जा जमाए बैठे थे
समय के थानेदार

अफीमी गौरवगाथाओं के
मानसिक विलास में डूबे हुए

फटे पाँव,
खुरदरे हाथ,
सख्त चेहरे
नहीं जान पाए
बदलते मौसम का मिजाज

अँधेरे के समन्दर से
बाहर आकर
देखना है डरे-सहमे
चेहरों पर उम्मीदों की किरण
जो अभी बाकी है
राख में छिपी अदृश्य चिंगारी की तरह

जिसकी आँच में तप कर
अँधेरों की भयावह त्रासदी से
मुक्त होना है अभी
और अभी
तोड़ कर तमाम अवरोधों को!

[29 अप्रैल, 2011]

हथेली पर उगा सूर्य

उसकी हथेली पर
दहक रहे हैं हजार-हजार सूर्य
एक साथ

पृथ्वी पर किसी एक जगह
अचानक आ गया है
खालीपन

जहाँ नहीं है हवा भी

कुछ लोग जुट गए हैं
हवा निर्मित करने में
बड़े-बड़े यंत्रों से

फिर भी वह जगह खाली है

इसके बावजूद भी
पृथ्वी जिन्दा है
उस हथेली की तरह
जिस पर अभी-अभी उगे हैं
हजार-हजार सूर्य एक साथ

कुछ लोगों के कहकहे
अचानक बदल गए हैं
फुसफुसाहटों में

जिसे छिपा कर रखना
उनकी विवशता है
जैसे इतिहास को कैद रखना
पुराने पड़ गए शब्दों में
उनकी यह भी कोशिश है
पृथ्वी बँटी रहे खंड-खंड में
ताकि,
चलता रहे उनका हुक्म

उन्हें तलाश है ऐसे चेहरे
जो दिखें महात्मा जैसे
वाणी हो संतों जैसी
ताकि,
कोई बहस न करे
आस्था के बोझ तले
दब कर
शब्द रहें खामोश

हथेली पर उगे सूर्य
अँधेरे में छिप कर
सो जाएँ चुपचाप
बिना आवाज किये

और,
अराजकताएँ खुल कर मना सकें उत्सव
दूसरों को डरा-धमका कर

हथेली पर उगा सूर्य
ऊपर उठ रहा है
पूरे आत्म विश्वास के साथ
सदियों पुराने अँधेरे को
निगल जाने के लिए!

[3 मई, 2011]

पहाड़

पहाड़ खड़ा है
स्थिर सिर उठाए
जिसे देखता हूँ हर रोज
आत्मीयता से

बारिश में नहाया
या फिर सर्द रातों की रिमझिम के बाद
बर्फ से ढका पहाड़
सुकून देता है

लेकिन जब पहाड़ थरथराता है
मेरे भीतर भी
जैसे बिखरने लगता है
न खत्म होने वाली आड़ी-तिरछी
ऊँची-नीची पगडंडियों का सिलसिला

गहरी खाइयों का डरावना अँधेरा
उतर जाता है मेरी साँसों में

पहाड़ जब धसकता है
टूटता मैं भी हूँ
मेरी रातों के अँधेरे और
घने हो जाते हैं

जब पहाड़ पर नहीं गिरती बर्फ
रह जाता हूँ प्यासा जलविहीन मैं

सूखी नदियों को दर्द
टीसने लगता है मेरे सीने में

यह अलग बात है
इतने वर्षों का साथ है
फिर भी मैं गैर हूँ
अनचीन्हे प्रवासी पक्षी की तरह
जो बार-बार लौट कर आता है
बसेरे की तलाश में

मेरे भीतर कुनमुनाती चींटियों का शोर
खो जाता है भीड़ में
प्रश्नों के उगते जंगल में

फिर भी ओ मेरे पहाड़
तुम्हारी हर कटान पर कटता हूँ मैं ही
टूटता-बिखरता हूँ
जिसे देख पाना
भले ही मुश्किल है तुम्हारे लिए
लेकिन
मेरी भाषा में तुम शामिल हो
पारदर्शी शब्द बन कर!

[4 फरवरी, 2007]

जूता

हिकारत भरे शब्द चुभते हैं
त्वचा में
सुई की नोक की तरह
जब वे कहते हैं
साथ चलना है तो कदम बढ़ाओ
जल्दी-जल्दी

जबकि मेरे लिए कदम बढ़ाना
पहाड़ पर चढ़ने जैसा है
मेरे पाँव जख्मी हैं
और जूता काट रहा है

वे फिर कहते हैं
साथ चलना है तो कदम बढ़ाओ
हमारे पीछे-पीछे आओ

मैं कहता हूँ
पाँव में तकलीफ है
चलना दुश्वार है मेरे लिए
जूता काट रहा है

वे चीखते हैं
भाड़ में जाओ
तुम और तुम्हारा जूता
मैं कहना चाहता हूँ—
मैं भाड़ में नहीं

नरक में जीता हूँ
पल-पल मरता हूँ
जूता मुझे काटता है
उसका दर्द भी मैं ही जानता हूँ

तुम्हारी महानता मेरे लिए स्याह अँधेरा है।

वे चमचमाती नक्काशीदार छड़ी से
धकिया कर मुझे
आगे बढ़ जाते हैं

उनका रौद्र रूप—
सौम्यता के आवरण में लिपट कर
दार्शनिक मुद्रा में बदल जाता है
और, मेरा आर्तनाद
सिसकियों में

मैं जानता हूँ
मेरा दर्द तुम्हारे लिए चींटी जैसा
और तुम्हारा अपना दर्द पहाड़ जैसा

इसीलिए, मेरे और तुम्हारे बीच
एक फासला है
जिसे लम्बाई में नहीं
समय से नापा जाएगा।

[10 मार्च, 2006]

अस्थि-विसर्जन

जब भी चाहा छूना
मन्दिर के गर्भ-गृह में
किसी पत्थर को
या उकेरे गए भित्ति-चित्रों को

हर बार कसमसाया हथौड़े का एहसास
हथेली में
जाग उठी उँगलियों के उद्गम पर
उभरी गाँठें

जब भी नहाने गए गंगा
हर की पौड़ी
हर बार लगा जैसे लगा रहे हैं डुबकी
बरसाती नाले में
जहाँ तेज धारा के नीचे
रेत नहीं
रपटीले पत्थर हैं
जो पाँव टिकने नहीं देते

मुश्किल होता है
टिके रहना धारा के विरुद्ध
जैसे खड़े रहना दहकते अंगारों पर

पाँव तले आ जाती हैं
मुर्दों की हड्डियाँ
जो बिखरी पड़ी हैं पत्थरों के इर्द-गिर्द

गहरे तल में
ये हड्डियाँ जो लड़ी थीं कभी
हवा और भाषा से
संस्कारों और व्यवहारों से
और, फिर एक दिन बहा दी गई गंगा में
पंडे की अस्पष्ट बुदबुदाहट के साथ
(कुछ लोग इस बुदबुदाहट को संस्कृत कहते हैं)
ये अस्थियाँ धारा के नीचे लेटे-लेटे
सहलाती हैं तलवों को
खौफनाक तरीके से

इसलिए तय कर लिया है मैंने
नहीं नहाऊँगा ऐसी किसी गंगा में
जहाँ पंडे की गिद्ध नजरें गड़ी हों
अस्थियों के बीच रखे सिक्कों
और दक्षिणा के रुपयों पर
विसर्जन से पहले ही झपट्टा मारने के लिए बाज की तरह!

[1 मई, 2005]

बिटिया का बस्ता

घर से निकल रहा था
दफ्तर के लिए
सीढ़ियाँ उतरते हुए लगा
जैसे पीछे से किसी ने पुकारा
आवाज परिचित आत्मीयता से भरी हुई
जैसे बरसों बाद सुनी ऐसी आवाज
कंधे पर स्पर्श का आभास

मुड़ कर देखा
कोई नहीं
एक स्मृति भर थी

सुबह-सुबह दफ्तर जाने से पहले
जैसे कोई स्वप्न रह गया अधूरा
आगे बढ़ा
स्कूटर स्टार्ट करने के लिए
कान में जैसे फिर से कोई फुसफुसाया

अधूरी किताब का आखिरी पन्ना लिखने पर
पूर्णता का एहसास
जैसे पिता की हिलती मूँछें
जैसे एक नये काम की शुरुआत
नया दिन पा जाने की विकलता

रात की खौफनाक, डरावनी प्रतिध्वनियों
और खिड़की से छन कर आती पीली रोशनी से

मुक्ति की थरथराहट
भीतर कराहते
कुछ शब्द
बचे-खुचे हौसले
कुछ होने या न होने के बीच
दरकता विश्वास
कितना फर्क है होने
या न होने में

सब कुछ अविश्वसनीय-सा
जोड़-तोड़ के बीच
उछल-कूद की आतुरता
तेज, तीखी प्रतिध्वनि में
चीखती हताशा

भाषा अपनी
फिर भी लगती है पराई-सी
विस्मृत सदियों-सी कातरता
अवसादों में लिपटी हुई

लगा जैसे एक भीड़ है
आसपास, बेदखल होती बदहवास
चारों ओर जलते घरों से उठता धुआँ
जलते दरवाजे, खिड़कियाँ
फ्रिज, अलमारी
बिटिया का बस्ता
जिसे सहेज कर रखती थी करीने से
एक-एक चीज
पेंसिल, कटर और रबर
कॉपी, किताब
हेयर-पिन, फ्रेंडशिप बैंड
बस्ता नहीं एक दुनिया थी उसकी
जिसमें झाँकने या खँगालने का हक
नहीं था किसी को

जल रहा है सब कुछ धुआँ-धुआँ
बिटिया सो नहीं रही है
अजनबी घर में
जहाँ नहीं है उसका बस्ता
गोहाना की चिरायँध
फैली है हवा में
जहाँ आतताई भाँज रहे हैं
लाठी, सरिये, गँड़ासे,

पटाखों की लड़ियाँ
दियासलाई की तिल्ली
और जलती आग में झुलसता भविष्य

गर्व भरे अट्टहास में
पंचायती फरमान
बारूदी विस्फोट की तरह
फटते गैस सिलेंडर
लूटपाट और बरजोरी

तमाशबीन—
शहर...
पुलिस...
संसद...
खामोश—
कानून...
किताब...
और
धर्म...
कान में कोई फुसफुसाया—
सावधान, जले मकानों की राख में
चिंगारी अभी जिन्दा है!

[20 जनवरी, 2006]

संस्कृति बनाम सेक्स

कितना दुश्वार है
भ्रम के बीच जीना
एक इनसान की तरह
जब खुलेआम एक ही मंच पर
चीख-चीख कर बजा रहे हो
नगाड़े
सेक्स और संस्कृति के
सफेद और पीले वस्त्रों से ढके
चमचमाते चेहरे

कमंडल में छिपी ऋचाएँ
बुन रही हैं महीन धागों का अदृश्य
जाल
जिसमें फँस कर
भूल जाएँगे
धमाकों का शोर
झुलसते शहर का
चीत्कार भरा रुदन

भय के साथ जीता है
हर एक बाशिंदा जहाँ
और पंचसितारा होटल के जश्न में
थक कर सो जाती है तार-तार होती
नर्तकी
बार बालाएँ
लो फिर आ गए हैं
संस्कृति के रखवाले

सेक्स स्वामी से
गलबहियाँ करते हुए
नये नारों और नये चेहरों के साथ!

निठल्लों और मुफ्तखोरों का मजमा
फिर से जुटा है
अड़ कर खड़ा है बीच चौराहे पर
नंग-धड़ंग
पूरी बेहयाई से
अपनी पेशवाई के साथ

आँखों में उतर आया है
धर्मांधता का मोतियाबिंद
जो देखने नहीं देता
उतना साफ
जितना हम देखना चाहते हैं

निठल्लों की जारज संतानें
धौंस देने लगी है
अपनी नंगई पर उन्हें गर्व है

सड़क पर चलती
स्त्री भयभीत है
उसे यकीन ही नहीं
सामने से आ रहा है
कोई पुरुष
या फिर
कोई उन्मादित साँड़
संस्कृति का ढोल
और जोर-जोर से बजने लगा है
जिसके शोर में
हो गया है जीना दुश्वार
एक भूखे और बेरोजगार इनसान के लिए!

[19 मार्च, 2010]

धर्म के भाई लोग

हर एक गली में
चक्कर काट रहे हैं भाई लोग।

जब से,
शहर के बड़े ग्राउंड में
लगा है पंडाल
भाई लोगों की आमद बढ़ गई है।

बदल-सी गई है
शहर की आबोहवा
जिसे देख कर घबराहट होती है।

सधे कदमों से
चहलकदमी करने वाले भी
पीछे मुड़-मुड़ कर देखते हैं
चौंकते हैं
आने वाली हर एक पदचाप पर

सुना है शहर में डेरा डाल कर
बैठ गए हैं धर्म के भाई लोग
जिनके शालीन चेहरे
देख कर कोई नहीं कह सकता
उनकी मंशा क्या है?
उनके मुँह और बगल में क्या छिपा है?

फिर भी,
चारों तरफ अजीब सन्नाटा है
सुबह और साँझ के चेहरे
उदास हैं
जब से सुना है
शहर में डेरा डाल कर बैठ गए हैं
धर्म के भाई लोग!

[9 अक्टूबर, 2010]

अतीतजीवी

वे डराते हैं
कभी ईश्वर के नाम से
तो कभी वास्ता देकर
स्वर्ग-नरक का
तो कभी ऐसे धर्म-ग्रंथों का
जो प्रतिबन्धित थे मेरे लिए।

बुदबुदाते हैं
ऐसी भाषा में
जिसे वे नहीं समझते
सिर्फ रटते हैं
तोते की तरह।

डराते रहना उनकी फितरत है।

लेकिन,
जब से मैंने छोड़ दिया है
डरना उन प्रतीकों से
वे 'भूत' को सिर पर बैठा कर
साजिश रचने में लगे हैं
घृणा की आड़ में
राष्ट्रवाद का भ्रम फैला कर
वर्तमान को
अँधेरे में धकेल रहे हैं

पेड़ पर बैठी चिड़िया
बेखौफ मुस्कुरा रही है।

वह जानती है
शेखी बघारने वाले अतीतजीवी हैं
जो हो चुके हैं जड़
उस दरख्त की तरह
जिसकी शाखाओं पर
अब कोंपलें नहीं फूटतीं!

[12 अक्टूबर, 2010]

चक्रवात

जहाँ खड़े हो!
वहीं खड़े रहो
सीधे तन कर
या जिस काम में लगे हो
उसे पूरा कर लेने के बाद
बचा कर रखो
कुछ पल
तन कर सीधा खड़े रहने के लिए

खींचो एक लम्बी साँस
और फिर छोड़ो उतनी ही

करो महसूस
वर्तमान की तमाम तल्खियों को
और अतीत के उन दिनों को
जो बाप-दादों के अनुभवों में
आज भी जिन्दा है
सिसकियाँ और घुटन बन कर
जिन्हें महसूस करने से भी तुम कतराते हो

एक बेचैनी है
तुम्हारी साँसों में
जिसे चाह कर भी तुम छिपा नहीं पाते हो
तुम्हारे पीछे दौड़ रहा है
अतीत का भयानक चक्रवात
जो कभी भी मिटा देगा

वर्तमान के उजाले को
एक धर्मांध आक्रमणकारी की तरह

जिसके पास खतरनाक विस्फोटक हैं
साथ ही कुछ आकर्षक शब्द भी
जो और भी ज्यादा मारक हैं
तुम घिर चुके हो
पूरी तरह
इस चक्रवात में

क्रूर हमलावर ताक में है
तुम्हें पालतू बना कर दरवाजे पर
बाँधने के लिए
इसलिए, सीधे तनकर खड़े हो जाओ
और खींचो एक लम्बी साँस
पहचानो विषैली गंध को—
जिसने कभी जीने नहीं दिया तुम्हारे पुरखों को
एक इनसान की तरह
जो तुम्हें फिर से खींच रही है
अपनी ओर बर्बरता के साथ!

[18 अक्टूबर, 2010]

भोपाल-कांड

गाँव और शहर के बीच
पसरी कँटीली झाड़ियाँ
कर देती हैं दिशाहीन
हर एक पगडंडी को

सूरज की तपिश उकेरने लगती है
अनचीन्हे संकेतों में
शिलालेख
हवाओं के सीने पर

'सीवर-लाइन' के 'मेन-होल' में
दम तोड़ते बल्लू की
घुटती साँसें खो जाती हैं कि
गुमनाम
वैसे ही जैसे नगर निगम की ट्रैक्टर-ट्राली से
रात-भर ढोते मैला
खो जाते हैं खामोशी से
न जाने कितने कल्लू और रमेसर

चले जाते हैं
अजानी राहों पर
बिना कुछ कहे ही।

अखबार का दफ्तर भी
हो जाता है गूँगा-बहरा
या थक कर ऊँघता रहता है

रात-भर जागा है
'ब्यूटी क्वीन' प्रतियोगिता में
जिसका उत्तेजक, मादक संगीत
अभी तक गूँज रहा है कानों में

विदेशी सोमरस की खुमारी अभी बाकी है

इसीलिए,
मुश्किल होता है
सुन पाना बल्लू, कल्लू और रमेसर की
रुँधी आवाजें

और,
वैसे भी अभी
तैयार करनी है
मुख्यमन्त्री के धार्मिक दौरे की रिपोर्ट
ढक लिया है अपनी आगोश में
काली धुंध ने
हर एक साँस को

गाड़ियों का धुआँ रच-बस गया है
फेफड़ों में
चाह कर भी नहीं बदल पाएगा
सुबह और शाम का चक्र

मुश्किल हो गया है
अलग-अलग पहचान पाना
धूप और अँधेरे को

आँखों में किरकिराता है
रेतीला अंधड़
मोतियाबिंद बन कर
खो गई है गाँव और शहर के बीच की
पगडंडी

कठिन हो गया है
अन्तर करना रंगों में
दिशाहीनता के इस
स्याह-युग में

कहना—
स्याह को स्याह
पीले को पीला
लाल को लाल
नीले को नीला

ले आए हैं
अँधेरे की बाढ़
नये-नये चोले पहन कर
असंख्य बाबा, योगी और गुरु

स्याह डामर रोड पर दौड़ रहा है
रिश्तों का विषैला धुआँ
जो किसी भी रोज देखते ही देखते
बदल जाएगा
भोपाल-कांड में!

[13 सितम्बर, 2010]

पुराना दोस्त

एक अरसे बाद मिला था
उस दोस्त से
जिसने कभी मेरी कविताएँ पढ़ कर कहा था—
कविता में अश्लीलता है
क्या लिखते हो यह सब

उसकी प्रतिक्रिया मेरे लिए नई नहीं थी
फिर भी मैंने पूछ ही लिया था
अश्लीलता का अर्थ

इधर-उधर देखने के बाद जो भी उसने कहा
उससे कोई स्पष्ट खाका नहीं बना था

मेरा वह दोस्त बिना बात पूरी किये
क्रोधित होकर चला गया था

आज अचानक वर्षों बाद सामने देख कर
मैंने पूछ ही लिया
क्या चल रहा है आजकल?

उसने उनके से कहा—
ऐश हो रही है
राजधानी में चार-चार फ्लैट हैं
अच्छा धंधा चल रहा है
जल्दी ही एक बार-रूम खोलने की तैयारी में लगा हूँ

तुम बताओ

अभी भी वहीं अटके हो
या कुछ आगे बढ़े हो
घर-वर बना लिया है
या अभी भी धक्के खा रहे हो

मेरी मानो
दुनिया की छोड़ो
अपने बारे में सोचो
अपनी जिन्दगी का फलसफा बदलो

ठीक कहते हो
यह दुनिया आप जैसे लोगों से ही तो चल रही है

खैर छोड़ो,
किस तरफ जा रहे हो?

बस जरा मन्दिर तक

उसके चेहरे पर जैसे
विजय दर्प उग आया था
जिसकी नि:शब्द छाया में
पराजय की कँटीली झाड़ियाँ
उगने लगी थीं

दोनों वक्त जाता हूँ
बहुत शान्ति मिलती है
उसने गर्वित मुद्रा में कहा था

मुझे लगा
इन दोनों में गहरा रिश्ता है

इसीलिए मेरा दोस्त
अपने बार-रूम की तिजोरी में
इनकी तस्वीर सजा कर रखता है!

[28 अप्रैल, 2010]

गुम होता गाँव

बरसों बाद,
वह आया साथ लेकर
धूल, मिट्टी, गलियों की गंध
और तमाम स्मृतियाँ
जो पड़ने लगी थी धुँधली
विपरीत हवाओं के थपेड़ों में

मैंने उसे छुआ
वह और ज्यादा आत्मीय हुआ
हाल पूछा—
तो बेहाल हुआ
जिक्र किया मैंने बड़े-बूढ़ों का
तो वह बोला—
कब के मर-खप गए
धीरे-धीरे खुलने लगी
वर्तमान और अतीत की सलवटें
गहरी होती साँसों में
झाँकने लगी दरारों से
दीवारों पर लगी काई

घुप्प अँधेरे में
ढह गई कच्चे घरों की दीवारें
बिन बारिश और आँधी के

होने लगा है एक
इतिहास और वर्तमान

एक डर धीरे-धीरे उतरने लगा है
लम्बी होती परछाईं की तरह
समाने लगा है हर एक साँस में
इसीलिए चुनाव की घोषणा होते ही लोग जाने लगे हैं
वोट डालने मत केन्द्रों पर
चोर, उचक्कों और बलात्कारियों को
डर कर चिल्लाने लगा हूँ मैं भी गाँव-गाँव
जो गायब होने लगा है स्मृतियों से!

[16 सितम्बर, 2008]

बारिश-2010

ऐसी बारिश न देखी
न सुनी कभी
बरसते रहे बादल
रात-दिन
उफनती रहीं नदियाँ
धसकते रहे पहाड़
टूट गईं सड़कें
टपकी छत
गली-मुहल्लों में
बस पानी ही पानी।

भरभरा कर गिरी
टपरी गंगू की
बह गई बकरी रज्जू की।

गरज-गरज कर बरसे बादल
टूट-टूट कर गिरे पहाड़
रुक गए रास्ते
दब गई बस्ती।

बरबाद हुए गाँव पहाड़ के।

ऐसी बारिश न देखी
न सुनी कभी।

न चूल्हा जला

न मिला गैस सिलंडर
सब्जी हो गई महँगी
दाल-भात भी हुए पराए
बिना दूध रोए छुटकू
बनिया मारे डंडी।

राजा काँपे
सपनों में
छिनती दिखी कुर्सी।

बाहर खड़ा चिल्लाए विरोधी
माल खा गया मुख्यमन्त्री
कौन घड़ी में बरसे बादल
खजाना हो गया खाली।

ऐसी बारिश न देखी
न सुनी कभी
लुढ़के पत्थर मौत बन कर
दबे पड़े थे सदियों से
हुए स्वतंत्र
भागे-भागे पहुँच गए नदियों तक
चले अनजानी
अनदेखी राह पर
दूर ले गया पानी
शोर मचाती नदी के संग।

उफनी गंगा
उफनी जमना
ऐसी बारिश न देखी
न सुनी कभी!

[15 अक्टूबर, 2010]

शब्दजीवी

मेरे प्रदेश का शब्दजीवी
जात-पाँत नहीं मानता
ऐलान करता है
डंके की चोट पर

कहता है—
'घरों में सफाई करने वाली औरत
या प्रसव कराने वाली दाई तक को
हम अम्मा, चाची, बुआ, दादी
कहते हैं
यही संस्कृति है
यही रीत है'

ऐसा कहते हुए
उन्हें याद नहीं रहता
कि अम्मा, चाची, बुआ, दादी
जब काम खत्म करके
लौट जाती हैं
घर-आँगन ही नहीं
बाहर का रास्ता भी
धोया जाता है गंगाजल से

फिर भी मेरे प्रदेश का शब्दजीवी
ऐलान करता है
कि वह जात-पाँत नहीं मानता

गाँव, दिशाएँ
नदी, नाले
पोखर, जल-स्रोत
सभी कुछ बँटा है
जन्मना जाति आधार पर

मेरे प्रदेश में
जब लुटती है किसी दलित की बारात
मेरे प्रदेश का शब्दजीवी
मौन धारण कर लेता है
भूल जाता है पढ़ना अखबार
निकल जाता है चारों धाम की यात्रा पर

घर की खिड़कियाँ
पारदर्शी हैं
जिनके शीशों पर चढ़ी है साँवले रंग की
ऐसी फिल्म
जो भीतर से बाहर का दृश्य दिखाती है
साफ-साफ
लेकिन बाहर वाले को
भीतर सिर्फ गहरा काला रंग दिखाई देता है

जहाँ,
'जाति' सीनों में धँसी बैठी है
एक विषैली सर्पिणी की तरह
जो फुंकारती है
समय-समय पर
घातक वार करती है
छिप-छिप कर

'जाति' एक अँधेरा है
जो बदल गई है

ऐसी दरार में

जिसने दरकाया है
रिश्तों को सदियों से

एक को दी है मुखरता
भाषा की
दूसरे को चुप्पी दहशत की
जिसने खो दिये हैं
शब्दों के अर्थ
हजारों साल के भूस्खलन में दब कर

पीढ़ियों का लेखा-जोखा रखना
जिनके वश में नहीं था
हर साँस पर पहरा था
ऊँच-नीच का
जो डरता था
अपने ही उच्छ्वास से

रात इतनी गहरी
कि खत्म होने का नाम नहीं लेती

फिर भी,
मेरे प्रदेश का शब्दजीवी
इनकार करता है
जात-पाँत के अस्तित्व से!

[22 अक्टूबर, 2010]

दुर्गति

मलबे के ढेर में
दबी पड़ी हैं
असंख्य स्मृतियाँ
झूठ-सच की दहलीज का
फासला
हुक्मरानों के अनगिनत जुर्म
और अनुत्तरित सवाल

जिस्म का पोर-पोर दहकता है
काँपता है अग्निशलाका-सा
आक्रोश की चिंगारियाँ
फूटती हैं
रक्तशिराओं में

मलबे के ढेर पर
मौसम के दस्तखत
कभी मिटते नहीं
न रहते हैं खामोश
हर रोज कौंधती है
एक आवाज
जेहन में
'न फँसे कोई 'सदगति' का दुखी बन कर
किसी बामन के जाल में'
कम से कम ऐसी दुर्गति तो न होती!

[24 अक्टूबर, 2010]

खानाबदोश

किसी ने कहा—
'जिनके घर होते हैं
वे एक बार लौट कर जरूर आते हैं'

लेकिन,
जो खानाबदोश होते हैं
जिनका कहीं घर नहीं होता
न कोई शहर, न कोई गाँव
जिनकी न अपनी कोई जगह होती है
जो सिर्फ भटकते रहते हैं
गाँव-दर-गाँव
शहर-दर-शहर
तीन ईंटों का चूल्हा लेकर
गुजार देते हैं जिन्दगी

जिनके चेहरे किसी को याद नहीं रहते
याद रहते हैं बरसों-बरस
उनके बनाए चाकू
छुरे, दराँत,
हल की फाल
जो जिन्दा रहते हैं
रसोई में,
दालान में,
खेत में,

हल को पकड़ने वाली खुरदरी हथेली में
जब-जब धार कुंद पड़ती है
याद आते हैं सिर्फ उनके हाथ
जिनका कोई घर नहीं होता!

[24 अक्टूबर, 2010]

साल 2010 का आखिरी दिन

साल का आखिरी दिन
और मैं लिख रहा हूँ कविता

कविता भी ऐसी
जो दुश्मन को दुश्मन कहने से पहले
ठिठक कर देख ले अपने इर्द-गिर्द
पूरे होशोहवास में

जो न रोए-गिड़गिड़ाए
बिना आँसुओं के किसी तर्क के इन्तजार में
न करे लेखा-जोखा
बीते साल का
जो भूल जाए गिनना
कामनवेल्थ गेम्स में जीते स्वर्ण पदक
और सचिन के शतक
भूल जाए उन तमाम हारों को
जिनके घाव अभी तक हरे हैं
टीस रहे हैं
अँधेरा बन कर

जिन्हें अभी तक सँजो कर रखा है अपनी स्मृतियों में
ताकि अगली पीढ़ी जान सके
जीवन का एक-एक साँस किस तरह
जिया है
इस विषैले समय में
जहाँ धार्मिक नग्नता

और सामाजिक, राजनीतिक टुच्चापन
एक साथ मिल कर
किस तरह रौंदते हैं
इनसानी जहनियत को

क्योंकि,
कविता लिख रहा हूँ
उस वक्त
जब आपदाओं में फँसे लोग
कर रहे हैं इन्तजार
अन्न के दानों का
दवा की गोलियों का

वे लोग जो हो गए हैं
दू...र
बरसात की मार से
पहाड़ की दरक से
सड़क की धसक से

बीत गया साल 2010
कुछ ऐसे कि
उपलब्धियों की लाश पर
खुद ही अपनी पीठ थपथपाए तंत्र

और, भीड़ के बीच
अनचीन्हे लोग आँखें फाड़े
देखते रहे
आकाश की ओर
शायद नये साल का सूरज जल्दी निकल आए

रोम-रोम जल रहा है
चीत्कारें सिर पटक रही हैं
उन तमाम शिलालेखों पर जो अपनी ऐतिहासिकता के साथ

साक्ष्य बन कर
अभी तक चिपके हैं
सुदृढ़ किले की दीवारों पर
कील से ठुके हैं जिस्म
सदियों से इसी तरह
झेलते रहे चक्रवातों का तूफानी उन्माद
फिर भी रहे जिन्दा

सिर के ऊपर से चिंघाड़ता हेलिकाप्टर
गुजरता है
दहशत जगाकर

सड़क पर खेलते अधनंगे बच्चे
चिल्लाते हैं
उछालते हैं पत्थर
आकाश की ओर

वे नहीं जानते
हिन्दी के एक कवि दुष्यन्त ने कहा था
एक उम्दा-सा शेर
जिसमें आकाश में सूराख
करने की आकांक्षा थी

शायद ऐसा कुछ हो जाए इस नये साल में
जहाँ, लोग ठीक-ठीक
समझने लगें
तंत्र की हकीकत!

[31 दिसम्बर, 2010]

काला सूरज

देखना है मुझे
हर एक चेहरे पर
दहकता सूरज

जिसकी अगन सीनों में भर कर
तुम आओगे उतारने मुखौटे
उन लकदक शालीन चेहरों के
जिनकी भीतरी जेबों में भरा है आर.डी.एक्स.
जिसे अभिजात्य भाषा में कहते हैं वे
प्रकाशबिम्ब

जो इस अँधेरी दुनिया को
कर देगा जगमग
और ज्यादा महफूज हो जाएगी
उनकी आरामगाह

उनके लिए
अर्थहीन है
किस सदी की
कौन-सी तारीख है आज

क्योंकि वे वर्तमान में नहीं
सदियों पीछे जीते हैं
स्वनिर्मित
प्रभामंडल में

जहाँ नये क्षितिज पर चमकते सूर्य का
प्रवेश निषेध है

सुना है, वे डरने लगे हैं
चेहरों पर उगते
सूरज को देख कर

इसीलिए,
गोपनीय बैठकों में
बना रहे हैं दाँव-पेच
गढ़ने लगे हैं नये-नये शब्द
चमचमाते प्रकाशबिम्ब को
कहने लगे हैं काला सूरज!

[20 अप्रैल, 2011]

सपने

लो वे फिर आ गए हैं
सपने लेकर

सपने,
जो सहेजे नहीं गए
खाली जेबों में
जहाँ, सिर्फ हवा थी
या,
फिर पसीने की गंध

कभी-कभी ये सपनों की दुनिया
होती है बेहद डरावनी

क्योंकि कुछ सपने होते हैं
जिन्हें हम स्वयं देखते हैं
और जिन्दा रखते हैं ताउम्र
जिन्दगी से लड़ने के लिए

वे सपने भी होते हैं
जो हमें परोसे जाते हैं
लच्छेदार भाषा में
शास्त्रीय रूप देकर

जो बिखर जाते हैं
भ्रम बन कर
पानी के बुलबुले की तरह

जिनका जीवन पलभर भी नहीं टिकता
आँखों के सामने

अब तुम ही बताओ,
उन सपनों का क्या करें
जो आँख खुलते ही खो जाएँ चुपचाप!

[21 अप्रैल, 2011]

घर का पता

बता पाओगे उस घर का पता
जिसे ढूँढ़ रहा हूँ बरसों से
शहर-दर-शहर भटकते हुए
जिसके दरवाजे पर
नहीं लगा है कोई नामपट्ट
न है कोई मंगल सूचक चिह्न
न कोई धार्मिक टोटका
बुरी नजर से बचने के लिए

जहाँ,
रहने वाले का नाम
और उपनाम
दोनों ही गायब हों

बरसों हो गए
पता तलाशते
बुद्ध से पूछा
महावीर, गांधी
और आम्बेडकर
से पूछा
पूछा मार्क्स और लेनिन से भी
लू शुन
खलील जिब्रान
और प्रेमचन्द से भी
हो सकता है
वे भी ढूँढ़ रहे हों ऐसा ही कोई पता

जो शहर-दर-शहर
भटक कर भी
नहीं मिला अभी तक!

[26 अप्रैल, 2011]

जुगनू

स्याह रात में
चमकता जुगनू
जैसे उग आया
अँधेरे के बीच
एक सूरज

जुगनू अपनी पीठ के नीचे
लटकाए घूमता है
एक रोशनी का लट्टू
अँधेरे में भटकते
जरूरतमन्दों को राह दिखाने के लिए

जुगनू की यह छोटी-सी चमक भी
कितनी बड़ी होती है
निपट अँधेरे में

जिसके होने का सही-सही अर्थ
जानते हैं वे
जो अँधेरे की दुनिया में
पड़े हैं सदियों से

जिनका जन्म लेना
और मरना
एक जैसा है

जिनके पुरखे छोड़ जाते हैं
विरासत में
अँधेरे की गुलामगिरी
रोशनी के खरीदार
एक दिन छीन लेंगे जुगनू से

उसकी यह छोटी-सी चमक भी
बन्द कर लेंगे तिजोरी में
जो बेची जाएगी बाजार में
ऊँचे दामों पर
संस्कृति का लोगो चिपका कर!

[29 अप्रैल, 2011]

नदी

नदी ने फिर अपना रास्ता बदल लिया
देख कर तुम्हारी बदनीयत

नदी जब गुस्साती है
लील जाती है
मिट्टी-खेत
घर, पशु,
और जंगल...
जो भी आता है राह में
अवरोधक बन कर

हर तीज त्योहार पर
जला रहे हो दीया
युगों-युगों से
गा रही हैं स्त्रियाँ मंगलगान
कर रही हैं स्तुतियाँ नदी की

फिर भी नदी नहीं है खुश

जानती है,
तुम्हारी दुमुँही चाल को
लूट-खसोट
धनलिप्सा
वैमनस्य से भरे
इतिहास दर्प को
जानती है,

तुम्हारी फितरत
रखती है हिसाब
एक-एक डुबकी का
जो लगाई थी तुमने
पवित्र शुभ मुहूर्त में

पवित्र जल
गँदलाने लगा है
गगनचुम्बी आकांक्षाओं से

वह यह भी जानती है
तुम उसे बेच दोगे किसी रोज ठेकेदार को
जो उसके जिस्म से
नोच लेगा
मांस-मज्जा
और छीन लेगा
उसका नदी होना
या फिर मिटा दोगे
उसके अस्तित्व को
खड़ी करके ऊँची सुदृढ़ दीवारें
अपना घर रोशन करने के लिए

इसीलिए हर बार
वह मुँह फेरने लगी है
अपना रास्ता बदल कर!

[3 मई, 2011]

परिवर्तन

शब्द : जो नदी ने दिये
जंगल में गूँजते सन्नाटों ने दिये
मिट्टी और फसलों ने दिये
आदिम युग के मनुष्य
हुंकारों ने दिये

पहाड़ों, समन्दरों की
लम्बी-लम्बी यात्राओं ने दिये
स्त्रियों और बच्चों ने दिये
पशु-पक्षी
और निर्जनता ने दिये
जो दर्ज होते गए स्मृतियों
और उच्छ्वासों में
बनते गए सुख-दुख का अटूट हिस्सा

दर्ज होते रहे
भोजपत्रों, शिलालेखों और पोथियों में
इतिहास बन कर

मैं चाहता हूँ
शब्द की यात्रा को ठीक से पहचानना
ताकि बता सकूँ
अपने उन पुरखों को
जो अनजान थे शब्द की
शक्ति से
भूल गए अपना
अतीत,

वर्तमान,
और भविष्य
काश! सँजो लेते
शब्द की अगन
अपने भीतर

जो बदल देती है
समय के चक्र को
तोड़ देती है
सुदृढ़ किले की दीवारों को
एक ही झटके में
मुक्त होने के लिए

शब्द की ताकत को पहचानना
कितना जरूरी है
यह हजारों साल से
मूक बने विवशता के मारे
लोगों से ज्यादा बेहतर कौन बताएगा!
जिन्होंने अपनी जिन्दगी
चुपचाप खपा दी
दूसरों की सेवा-टहल में

फिर भी उनके लिए यह दुनिया
नहीं बदली
रही वैसी ही जैसी थी
हजारों साल पहले

तब भी वे प्यासे थे
बूँद-बूँद जल को तरसते
आज भी वे जीते हैं दूसरों की
अनुकम्पा पर
अब आप ही बताएँ
क्या सचमुच दुनिया बदल गई है?

[5 मई, 2011]

प्रेम-डगर

अफसोस,
अभिशप्त हूँ मैं
अपनी यादों को
दर्दनाक रातों
और झुलसते दिनों को
जीने के लिए

लिखने के लिए
अपने दुखों की दास्तान
होने के लिए मुक्त
उन सवालों से
जो बदनुमा दाग की तरह
चिपकाए हैं तुमने
मेरे होने पर

कभी फुसफुसाहटों में
तो कभी कहकहों में
मेरा जिक्र होता है

मैं चीखना चाहता हूँ
चाहता हूँ देना गाली
अश्लील, भद्दे शब्दों में
ताकि दर्ज रहे
कि जो भी कहा तुमने
वह कितना घृणित
और शर्मनाक है

कितना वैमनस्य
और दुर्भावना रचने वाला
मेरी चुप्पी में सोया है
एक ज्वालामुखी
जिसे अदृश्य व्यवस्था के नाम से
ढक कर
रच डाला तुमने
नृशंसता का इतिहास

फिर भी,
मैं चाहता हूँ
भूल जाऊँ वे तमाम चक्रव्यूह
जो रचे थे तुमने
मेरी चेतना को कुंठित करने के लिए

न जाने तुम किस मिट्टी से बने हो
भूलने नहीं देते
बिखेर देते हो हर बार
दहकते अंगारे
मेरी प्रेम-डगर पर
जहाँ मैंने अक्सर की है कोशिश
बंजर धरती पर
हरियाली उगाने की

[29 मई, 2011]

बजरी और सीमेंट

पुश्ता बन रहा है
एक बड़े मैदान का

मजदूर जुटे हैं काम में

ट्रकों से उतर रहे हैं पत्थर
बजरी, सीमेंट

तोड़े जा रहे हैं पत्थर

बन रहा है मिश्रण
बजरी और सीमेंट का

मजदूर जुटे हैं काम में
भूल कर तपिश धूप की

बनानी हैं सीढ़ियाँ सड़क से
मैदान में पहुँचने की
जहाँ जुटेंगे लोग
होगा प्रवचन, भाषण
पढ़ाए जाएँगे पाठ नैतिकता के
देशहित की होंगी
बड़ी-बड़ी बातें

पुश्ता बन रहा है
एक बड़े मैदान का

मजदूर जुटे हैं काम में
शाम होते ही
थके-हारे मजदूर ढूँढ़ते हैं
ठौर-ठिकाना
रात बिताने का
ताकि सुबह होते ही फिर लग जाएँ
काम में

जब भी कोई शब्द-सृजक
गुजरता है
उनके पास से
कुछ चाहता है
कहना
वे अनसुना करके जुटे रहते हैं
अपने काम में

गोल-मोल रचे शब्द
उन्हें पराए लगते हैं
नहीं जानते उनके अर्थ
इसीलिए,
संवादहीनता की दीवार खड़ी हो जाती है
उनके बीच

मजदूर की बोली-बानी के शब्द
होते हैं कामकाजी
और
उनकी गाली भी
बन जाती है हिस्सा
उनकी भाषा का

जो कभी दर्शाती है प्रेम
तो कभी बन जाती है आक्रोश
जबकि शब्द-सृजक के शब्द
होते हैं सिर्फ किताबी

जो स्वयं भी नहीं जानते अपने अर्थ
जब वे कहते हैं पेड़
तो वह पेड़ नहीं होता

जब मजदूर कहता है
रेत-बजरी
तो वह रेत-बजरी ही
होता है

कितना अच्छा लगता है
जब कहा गया पेड़
सिर्फ पेड़ होता है
और बन जाता है चुपचाप
जिन्दगी का हिस्सा
बिना किसी शोर-शराबे के

जैसे मजदूर की आवाज और पसीना
घुल-मिल जाते हैं
बजरी और सीमेंट के मिश्रण में

थके-माँदे मजदूर
भूल जाते हैं
हाथ-पाँव और चेहरे पर
चिपकी मिट्टी, सीमेंट और धूल
जो किसी गहरे रिश्ते में
हो जाती है तब्दील
फिर से किसी
नये निर्माण के लिए!

[21 जून, 2011]

वे बच्चे

अक्सर ट्रेन-यात्रा के दौरान
देखे गए अनेक दृश्य
बैठ जाते हैं स्मृति में
अपनत्व के साथ

छोटे कस्बों, गाँव, देहात के पास से
जब गुजरती है ट्रेन
अक्सर छोटे बच्चे
हाथ हिला कर
करते हैं अभिवादन
अनजान, अनचीन्हे यात्रियों का

क्या होता है उनके मन में
प्रेम?
सुखद यात्रा की शुभकामनाएँ?
या अपनत्व की आस्था?

चाहे जो भी हो
उनकी निश्छलता करती है पीछा
तीव्र गति से दौड़ती ट्रेन के साथ-साथ

घर लौट कर भी वे बच्चे
होते हैं स्मृति में
अपने पूरे एहसास के साथ
मेरे अपने बन कर!

[22 जून, 2011]

आत्मा?

समय की गति में
अर्थ बदल गए हैं
आत्मा के
या फिर वह खुद ही कहीं ऐसी जगह
छिप कर दुबक गई है
कि ढूँढ़ने से भी उसका
अता-पता नहीं मिल रहा है

अब तो कहा यह भी जाने लगा है
कि आत्मा का कोई अस्तित्व कभी
था ही नहीं

आत्मा बिकने लगी है
खुलेआम हाट-बाजार में
मरने लगी है
गुपचुप समझौतों में
जलने लगी है
बिना आग के
सिकुड़ने लगी है
आपसी द्वेष में

अब वक्त आ गया है
यह सिद्धान्त बदलने का—
आत्मा अजर
और अमर है

न मरती है

न जलती है
न सिकुड़ती है
न फैलती है
आत्महत्या,
आत्महंता
जैसे शब्दों ने
परखच्चे उड़ा दिये हैं
आत्मा की अजरता के
दिखाई नहीं देती आत्मा
सड़क पर चलते आत्महीन लोगों में
अखबार के दफ्तर से लेकर
बाजार और संसद के गलियारों में

जिसे देख कर बना रहे आत्मविश्वास

नदारद हो गई है आत्मा
शायद मर चुकी है
अस्तित्वहीन होकर
फिर भी कुछ लोग हैं
जो दिन-रात लगे हैं
जोड़-तोड़ में

ढूँढ़ने लगे हैं
आत्मसम्मान 'ऑनर किलिंग' में

खुद ही कैद होकर रह गए हैं
छोटे-छोटे स्वनिर्मित घरौंदों में

लाचार और बेबस
खाने लगे हैं
अपने ही शिशुओं को
जहरीली नागिन की तरह
आत्मविहीन होकर!

[23 जून, 2011]

नाटक जारी है

तीसरी आजादी का ढोल पीटते मजमेबाज
आ गए हैं
नये चेहरों और नये नारों के साथ

दूसरी आजादी की तरह
सम्पूर्णता का एहसास दिलाने

जो अचानक बदल गई थी
सत्ता समीकरण और साम्प्रदायिकता में
छोटे-छोटे घरौंदों के साथ

मजमेबाजों की भीड़ में
खड़ा है मँगरू
फटेहाल खाली पेट
पूछता है ताली बजाते
पढ़े-लिखे बाबू से

क्या इस बार भी
कुछ वैसा ही होने वाला है
जैसा हुआ था सन् 77 में?

बाबू उसे घूरता है
आग्नेय नेत्रों से

चेहरे बदल गए हैं
तौर-तरीके भी अलग हैं

भाषा और अभिव्यक्ति का जुनून भी
कुछ अलहदा है
'मेरी मुर्गी डेढ़ टाँग की'
वाला मुहावरा उछल रहा है
हवा में
बिना संवाद के

लोकतंत्र का नया भाष्य
सुनाई पड़ रहा है

मेरे इर्द-गिर्द
हर जगह टँगा है एक ही नारा
सिर पर टोपी लौट आई है

टैक्स चोरों
जमाखोरों
कालाबाजारी करने वाले
धोखेबाजों ने दिखाई है चुस्ती
टाँग कर अपने सीने पर नारा
घोषित कर दिया है खुद को ईमानदार

मँगरू पूछता है
जब सारे ईमानदारों ने
पहन ली है टोपी
तो फिर
प्राब्लम क्या है मेरे भाई?

कहीं दाल में कुछ काला है
कुछ गड़बड़ है
बेईमान का मुँह काला है

ये मुहावरे भी अब अर्थहीन हो गए हैं

हर कोई ईमानदारी की टोपी पहन कर

भीड़ में शामिल है
कचहरी,
तहसील
अस्पतालों
विश्वविद्यालयों
बाजार और पुलिस थानों में
चल रहा है सब वैसा ही जैसा था

शायद,
ईमानदारी की अनुगूँज अभी तक
वहाँ सुनाई नहीं पड़ी है
या फिर उन्हें
टोपी नहीं मिली है
जिसे पहन कर वे भी ईमानदार
दिखने लगें

अगले चुनाव के बाद देश तीसरी बार
आजाद होगा?

आपकी क्या राय है भाई साहब?

मेरे पास तो प्राब्लम ही प्राब्लम है
धार्मिक,
सामाजिक,
दुश्चिन्ताओं के बीच खड़ा
आम आदमी फटेहाल है
भूखा और लाचार है!

मँगरू के सवाल पर
सब चुप हैं
इसीलिए मँगरू सड़क पर अकेला है

[12 अक्टूबर, 2011]

शब्द झूठ नहीं बोलते

मेरा विश्वास है
तुम्हारी तमाम कोशिशों के बाद भी
शब्द जिन्दा रहेंगे
समय की सीढ़ियों पर
अपने पाँव के निशान
गोदने के लिए
बदल देने के लिए
हवाओं का रुख

स्वर्णमंडित सिंहासन पर
आध्यात्मिक प्रवचनों में
या फिर संसद के गलियारों में
अखबारों की बदलती प्रतिबद्धताओं में
टीवी और सिनेमा की कल्पनाओं में
कसमसाता शब्द
जब आएगा बाहर
मुक्त होकर
सुनाई पड़ेंगे असंख्य धमाके
विखंडित होकर
फिर-फिर जुड़ने के

बन्द कमरों में भले ही
न सुनाई पड़े
शब्द के चारों ओर कसी
साँकल के टूटने की आवाज
खेत-खलिहान

कच्चे घर
बाढ़ में डूबती फसलें
आत्महत्या करते किसान
उत्पीड़ित जनों की सिसकियों में
फिर भी शब्द की चीख
गूँजती रहती है हर वक्त

गहरी नींद में सोए
अलसाए भी जाग जाते हैं
जब शब्द आग बन कर
उतरता है उनकी साँसों में

मौज-मस्ती में डूबे लोग
सहम जाते हैं

थके-हारे मजदूरों की फुसफुसाहटों में
बामन की दुत्कार सहते
दो घूँट पानी के लिए मिन्नतें करते
पीड़ित जनों की आह में
जिन्दा रहते हैं शब्द
जो कभी नहीं मरते
खड़े रहते हैं
सच को सच कहने के लिए

क्योंकि,
शब्द कभी झूठ नहीं बोलते!

[4 मई, 2011]